基于整体育人理念的灵动课堂的构建与实施

黄平 —— 著

吉林大学出版社
·长春·

图书在版编目(CIP)数据

基于整体育人理念的灵动课堂的构建与实施 / 黄平著. -- 长春：吉林大学出版社，2022.8
ISBN 978-7-5768-0367-9

Ⅰ.①基… Ⅱ.①黄… Ⅲ.①小学－课堂教学－教学研究 Ⅳ.①G622.421

中国版本图书馆CIP数据核字(2022)第164299号

书　　名	基于整体育人理念的灵动课堂的构建与实施
	JIYU ZHENGTI YUREN LINIAN DE LINGDONG KETANG DE GOUJIAN YU SHISHI
作　　者	黄平 著
策划编辑	李伟华
责任编辑	李潇潇
责任校对	张驰
装帧设计	左图右书
出版发行	吉林大学出版社
社　　址	长春市人民大街4059号
邮政编码	130021
发行电话	0431-89580028/29/21
网　　址	http://www.jlup.com.cn
电子邮箱	jdcbs@jlu.edu.cn
印　　刷	湖北诚齐印刷股份有限公司
开　　本	787mm×1092mm　1/16
印　　张	12.75
字　　数	200千字
版　　次	2022年8月　第1版
印　　次	2022年8月　第1次
书　　号	ISBN 978-7-5768-0367-9
定　　价	68.00元

版权所有　翻印必究

前 言
PREFACE

在实施新课程标准的背景下,各门课程都面临着课程教学方法和思路的转变与改革。各个学段的课程教学不仅在教学的难度上各不相同,有些科目的课程本身就体现出一定的特殊性,单一的传统教学方式在实际应用中的适宜性会有所下降。这也是新的教学模式得以提出和应用的重要契机。从本质上来说,课堂的教学过程是教师和学生之间达成有效互动的重要过程。只有在教学过程中,互动的有效性更高,学生对于所学内容的兴趣才会更大。

灵动课堂教学运用真正高效、灵动的方法,在高质量学习的基础上,突出为发展学生潜能服务、落实学生学习的主体地位、优化课堂流程、学习形式多样化、课堂学习高效化、效果高标准、实现学习品质的高度优化。本书从灵动课堂构建要素及关系出发,提出灵动课堂的构建途径和教学模式。从教室环境文化的创建、构建和谐师生关系、创造性地准备课程、实施探究活动、提升思维水平等途径构建灵动课堂。课堂模式从自主预习、正课学习及课后巩固三个环节展开,并从学生、教师及教学效果三方面给出相应的评价标准。在课堂学习过程中,学生是学习的主体,教师只是学习的促进者,仅仅起到引领的作用,认识到这一点有利于提高学生的学习主动性和积极性,有利于培养学生的思维和素养。学生在充满灵动性的课堂学习中感受到的是学习带来的喜悦和成就感,会很自然地融入教师设置的课堂学习环节中,这样可以提高学生独立学习的意识和能力,也可以锻炼学生合作交流的能力,对学生的个性发展和成长具有重大意义。

本书的研究过程，也是一个学习和探索的过程，在研究中笔者更加明晰了"灵动课堂"的优势和特征。在不同的课型里，"灵动课堂"模式和组合课堂模式呈现出不同的教学效果，为了得到更好的教学效果，教师不应该在所有学科中都完全套用该模式，而应该以"灵动课堂"模式为参考，以具体课型为指导，融合"灵动课堂"模式的互动性和传统课堂的讲授性进行组合模式授课。基于上述内容，笔者初步探寻到了在课堂中最大化发挥灵动课堂教学模式作用的有效教学模式。

黄平
2022 年 8 月

目 录
CONTENTS

第一章 灵动课堂的理论基础 …………………………………001
    第一节 建构主义学习理论 …………………………………001
    第二节 教学设计理论 ………………………………………002
    第三节 对话教学理论 ………………………………………004
    第四节 人本主义学习理论 …………………………………006
    第五节 深度学习与深度教学理论 …………………………007

第二章 育人理念的历史转变 …………………………………009
    第一节 从"中心论"到"学为中心" ………………………009
    第二节 师生交往的实践反思 ………………………………022
    第三节 整体育人理念下的师生交往特征 …………………033
    第四节 整体育人理念下的师生交往策略 …………………043

第三章 基于整体育人理念的灵动课堂在小学教学中的有效性研究 …050
    第一节 相关研究现状 ………………………………………050
    第二节 灵动课堂教学设计研究 ……………………………058
    第三节 基于灵动课堂教学的总结与反思 …………………073

第四章 基于整体育人理念的灵动课堂总体设想及方案 ……086
    第一节 指导思想 ……………………………………………086
    第二节 组织机构 ……………………………………………089
    第三节 工作目标 ……………………………………………090
    第四节 顶层设计 ……………………………………………101
    第五节 实施策略 ……………………………………………106
    第六节 保障措施 ……………………………………………110

第五章 基于整体育人理念的灵动课堂的培训 ………………114
    第一节 教师的培训 …………………………………………114

第二节 学生的培训 …………………………………………… 126
第六章 基于整体育人理念的灵动课堂教学模式的构建 …………… 136
　　第一节 灵动课堂教学模式概述 ……………………………… 136
　　第二节 享灵动课堂教学模式的要素、特质与高效建构 …… 139
　　第三节 灵动课堂教学模式的运行保障与系统推进 ………… 149
　　第四节 灵动课堂教学模式效能评价 ………………………… 153
　　第五节 课改深度推进的瓶颈与项目突破 …………………… 158
第七章 基于整体育人理念的灵动课堂的整体构建 ………………… 164
　　第一节 灵动课堂的三个诉求 ………………………………… 164
　　第二节 灵动课堂的四个要素 ………………………………… 165
　　第三节 构建灵动课堂的五个步骤 …………………………… 167
第八章 基于整体育人理念的灵动课堂的操作实践及评价标准 …… 169
　　第一节 灵动课堂的操作实践 ………………………………… 169
　　第二节 灵动课堂的评价标准 ………………………………… 188
参考文献 ……………………………………………………………… 195

第一章 灵动课堂的理论基础

灵动课堂是笔者立足国家立德树人的根本要求,将各个学科的特质与各学段的学生特点相结合,以现代教育教学理论为指导,以培育学生的学科核心素养为目标,在不断地探索中形成的教学方式,有着相对厚实的理论基础。择其要者,主要包括建构主义学习理论、教学设计理论、对话教学理论、人本主义学习理论、深度教学与深度学习理论等。

第一节 建构主义学习理论

建构主义学习理论是教育学中重要的系统认知理论。它以瑞士著名心理学家皮亚杰为代表,斯腾伯格、维果斯基等心理学家、教育家对这一理论又做了进一步发展和完善。建构主义较好地说明了学习如何发生、意义如何建构、概念如何形成以及理想的学习环境应包含哪些主要因素等。

建构主义认为,知识不是通过教师传授得到的,而是学习者在一定的情境中,借助其他人(包括教师和学习伙伴)的帮助(人际交往间的协作活动),利用必要的学习资料,通过意义建构的方式而获得的。[1]因此,建构主义学习理论认为,情境、协作、对话和意义建构是学习中的四大要素。这就要求教师在设计教学时,不仅要考虑创设适当的教学目标,还要考虑创设有利于学生建构意义的情境,并把情境创设看作是教学设计最重要的内容之一。协作与会话是学习者之间为了完成共同的学习任务而进行的言语、行为的配合,共享与思维碰撞,这些都是达到意义建构的重要手段。意义建构是整个学习过程的最终目标,所要建构的意义不是指具体的事实性知识,而是事物的性质、规律以及事物之间的内在联系,这就决定了建构主义学习特别注重知识的内在逻辑,也就是知识结构和学科图谱。

---

[1]曹殿波.学与教的基本理论[M].银川:宁夏人民出版社,2014:87-89.

建构主义提倡在教师指导下的、以学习者为中心的学习。教师是意义建构的帮助者、促进者,而不是知识的传授者与灌输者。学生是信息加工的主体、是意义的主动建构者,而不是外部刺激的被动接受者和被灌输的对象。这种建构是无法由他人来代替的。外部信息本身没有什么意义,意义是学习者通过新旧知识经验间的反复的、双向的相互作用过程而建构成的,学习者个人会把新旧知识联系起来建构出新的意义[①]。教师与学生、学生与学生之间需要共同针对某些问题进行探索,并在探索的过程中相互交流和质疑,了解彼此的想法。建构主义理论让笔者形成了"以学习为中心""以学定教""情境是教师精心构建的促进学习的重要场域""在教学情境中开展的多维对话是促进意义建构的重要手段"等认识。

在此,需要强调的是,笔者更加认可的是"以学习为中心",而不是"以学生为中心"。近年来,"以学生为中心"的思想及与之相应的教学模式出现了很多,对改变课堂教学方式促进很大,但我们也应该看到,一些"明星学校"为了凸显学生的"主体""中心"地位,过度强调了学生的自主学习,甚至把整节课都交给学生,老师反而成了"看客"。对此,笔者持保留意见。相对于"满堂灌",自主学习理念是可贵的,是值得大力提倡的,但用"放羊"取代"填鸭"是从一个极端走向另一个极端,同样是值得警惕的。作为一种学习方式,以目标为导向,以问题为抓手的自主学习可以前置到预习环节,也可以用于课堂教学,但课堂更需要的是师生基于情境的探究、感悟与交流。

第二节 教学设计理论

教学设计是把教学原理转化为教学材料和教学活动的预设计划。实际教学中,教材、教辅等教学资源有时很难满足正常的教学目标需求,在很多场合,都需要教师自己编写教学材料、练习题、补充教案。进入21世纪以来,伴随着新课程的实施,教学设计逐渐取代了原有的教案,成为教学中的重要组成部分,而出于素养教学的新需要,教学设计因更有教学的

[①] 黄贵兰. 基于建构主义学习理论的高中英语非谓语动词教学策略研究[D]. 重庆:西南大学,2020:22-23.

针对性、实效性而得到了越来越多的重视。深入学习教学设计理论是近年来笔者进行教育教学理论学习的重要内容。对笔者影响最大的教学设计理论书籍自然首推罗伯特·加涅（Robert Mills Gagné）的《教学设计原理》，其次是格兰特·威金斯（Grant·Wiggins）的《追求理解的教学设计》、莫里森（Morrison G.R）等人的《设计有效教学》等著作。

加涅把教学定义为嵌入有目的活动中的促进学习的一系列事件，强调的重点放在了教师用来使学生参与到学习活动中去的、完整的活动范围。[1]加涅提出了"ADDIE""一般化""情境化"等教学设计模型，还提出了以"问题解决"这一技能作为重要的教学指向。问题解决是学习者在新情境中选择和运用规则以寻求问题解决的活动。在问题解决过程中，学习者建构的是新的高级规则。这一新规则综合了其他规则和概念，可被学习者用以解决同类型的其他问题。问题解决是通过让学习者解决问题来教的，而为了实现这一目的，教师应该创设出可以促进这些技能习得的情境。设计过程需要学生和教师之间，学生和教学内容之间动态的互动，开展多种活动才能实现这一目标。这个过程需要创造性，这样才能产生开放式的，甚至是未预料的学习经验。

加涅还指出，教学设计并不是唯一的，有多少设计者与设计情境，就有多少设计模型。[2]每一个设计者都将自己对影响学习的原理与事件的理解以及如何最佳地安排教学结构的理解带到了设计过程中。设计者并不设计完美的教学，他们只是使教学设计趋于完美。正如学习者是独特的个体一样，教学设计者也是独特的个体，每个教学设计者都有自己对教学内容的理解，都有对学生学情的了解，都有自己擅长的教学方法和策略。教授相同学科，针对相同学习目标的两个设计人员也可以有不同的优秀设计，两个设计都可以实现理想教学。加涅等学者关于教学设计的经典理论，深化了笔者对教学设计的一些"元问题"的认识，也让笔者更加系统地规划了自己的课堂。

教学设计该如何展开？应该采用怎样的流程？《追求理解的教学设计》一书给了笔者较大启发。在威金斯看来，好的教学设计应该是逆向的，在考虑如何开展教与学的活动之前，先要关注的是学习期望，即学习要达到

---

[1]加涅.教学设计原理[M].上海：华东师范大学出版社，1999：120-121.
[2]加涅.学习的条件[M].北京：人民教育出版社，1985：42-43.

什么目的,哪些证据可以表明学习达到了这一目的。①据此,他把教学设计划分为三个过程:确定预期的效果、确定合适的评估证据、设计学习体验和教学。这种以终为始的思想深刻地影响了笔者,但笔者又完全认可单元和课程在逻辑上应该从想要达到的学习结果导出,而不是从我们所擅长的教法、教材和活动导出的观点。威金斯对"理解"一词的阐述也促进了笔者对教学内容结构和目标的理解。他除了将"理解"在"横切面"上划分为解释、阐明、应用、洞察、自知和神入六个维度外,还在"纵切面"上将理解的基础分为了需要熟悉的知识、需要理解和完成的重要内容、大概念和核心任务三个层面。②教学设计不正是要通过各种逻辑形式达成学生对这三个层面融会贯通的理解吗?此外,"围绕问题进行设计""为理解而教""通过精心设计的学习体验来揭示核心内容的可能含义",以及区分"内容的逻辑"和"理解内容的逻辑"等思想,都给了笔者启示,并体现在了灵动课堂的实践中。

第三节 对话教学理论

对话教学是指一种以言语沟通、思想交流为主要形式的教学观念或者方式。对话是一种教学关系,它以参与者持续的话语投入为特征,并由反思和互动的整合所构成。在我国课程改革的指导性文本《基础教育课程改革纲要(试行)解读》中,钟启泉等学者明确指出:"教学原本就是形形色色的对话。"③

对笔者影响最大的对话教学思想来自巴西教育家保罗·弗莱雷(Paulo Freire)。弗莱雷极力批判传统的教育模式,认为讲解把学生变成了容器,变成了可任由教师灌输的存储器。教师越是往容器里装得完全彻底,就越是好教师;学生越是温顺地让自己被灌输,就越是好学生。这种行为背后

---

① 格兰特·威金斯,杰伊·麦克泰格. 追求理解的教学设计[M]. 上海:华东师范大学出版社,2017:131-132.
② 陈磊. 基于支架式教学设计理论的初中化学学习单设计模型的建构[D]. 上海:上海师范大学,2013:22-23.
③ 钟启泉,崔允漷. 为了中华民族的复兴为了每位学生的发展《基础教育课程改革纲要(试行)》解读[M]. 上海:华东师范大学出版社,2001:221-223.

是"人与世界可以分离的假设"和"促进了学生的轻信"。他否认人是抽象的、孤立的存在,提出要通过"提问式教育"和对话来改变学生"被压迫者"的状态,并把对话提升到了极高的地位:对话是人与人之间的接触,以世界为中介,旨在命名世界(认识世界)。没有了对话,就没有了交流;没有了交流,也就没有真正的教育。[①]

弗莱雷极力提倡"对话式"和"提问式"的双向乃至多向教育交流,并强调交流的前提是师生平等,这就突破了传统的师生关系的定位,实现了教师和学生的角色重建。"教育作为自由的实践",教师与学生应该同时互为师生。[②]张华教授对此进一步解释为:"他(教师)自身也在与学生的对话中受教育,他(学生)在被教的同时也在教别人。教师和学生成为同一个过程的共同负责者,在此过程中,他们共同成长[③]。"弗莱雷还强调爱同时是对话的基础和对话本身,合作是对话行动的特征。这些闪光的教育思想让笔者心有戚戚,在灵动课堂的建构中,可以找到这些思想的影子。

在操作层面上,许多老师关于对话教学的实践给了笔者借鉴与启发,较为重要的是首都师范大学张汉林老师的《历史教学的三层对话模式》和《史料研习中的三层次对话》。在两篇文章中,张老师提出历史教学中的对话三层次,即"学生与历史的对话""学生与他人的对话""学生与自我的对话"。[④]结合自己的思考,笔者将巴赫金关于对话的论述融入了教学中,相互比较的两部言语作品,两个表述,要进入一种特殊的含义关系,我们称之为对话关系。[⑤]当然,更多的对话还是发生在师生之间、生生之间,为了营造良好的对话环境,笔者梳理了在教学情境创设、探究问题设计等多个方面的做法。

---

① 保罗·弗莱雷. 被压迫者教育学[M]. 上海:华东师范大学出版社,2020:33-34.
② 刘贤凤. 基于对话教学理论的高校英语混合学习模式研究[J]. 北京城市学院学报,2017(05):24-28.
③ 刘现合. 高水平特色大学"对话式"教学的可行性研究[J]. 天津市教科院学报,2020(02):90-96.
④ 张汉林. 历史教学的三层对话模式[J]. 中小学教材教学,2017(03):70-73.
⑤ 托多罗夫. 巴赫金、对话理论及其他[M]. 蒋子华,张萍,译. 天津:百花文艺出版社,2001:154-155.

第四节 人本主义学习理论

人本主义学习理论是20世纪50~60年代在美国兴起的一种心理学理论,代表人物有美国心理学家亚伯拉罕·马斯洛(Abraham H.Maslow)和卡尔·罗杰斯(Carl Ransom Rogers)。人本主义学习理论是建立在人本主义心理学的基础之上的。理论强调的重点内容是人的自主性、整体性和独特性。正如罗杰斯在《论人的成长》一书中说的:生命的过程就是做自己,成为自己的过程。[1]人本主义学习理论认为,人的学习过程是个人自主发起的,是一种能够使人投入生产等变化中的活动。该理论从全人教育的角度阐释了学习者整个人的成长历程,以发展人性、注重启发学习者的经验和创造潜能,引导其结合认知和经验,肯定自我,进而自我实现。从学生的角度上来说,其内在思维和情感的活动是非常重要的。在人本主义视角下,学习者本身具有巨大的潜能和自我实现的愿望。这是一种值得信赖的心理倾向,它们可以在合适的条件下释放出来。当学生认识到所学内容与自己的成长需求相关时,学生的学习积极性最容易被激发。因此,作为教师,不仅仅要教授学生知识或学习方法,更重要的是为学生提供学习手段,创设适宜的学习环境,教师在学生学习环节应该扮演好促进者的角色。这一理论为现代课堂改革和课堂模式的推进提供了理论依据。

人本主义理论背景下,教育者更加重视学生学习过程中的个性发展和创造力的培养,并且重视师生关系的和谐性。这不仅与我国目前的新课标要求相符合,从小学灵动课堂的构建角度上来说,当学生的自主学习空间更大,自主学习能力更强,也就意味着其个人学习课程的过程中灵活性更大,这不仅有利于课程的实际学习效果,也是符合灵动课堂模式本质要求的一种学习理论。从《罗杰斯著作精粹》一书中可知:从学习本身的角度上来说,学习的过程也是学生个人心理变化的过程,这种变化过程应当具有自发性,而不是依靠教师的主观干预达到目的。[2]另外,学生对于事物的不同认知也来源于他们的文化背景、成长环境以及看待事物的角度上的差

---

[1]卡尔·罗杰斯. 论人的成长[M]. 北京/西安:世界图书出版公司,2019:177-178.
[2]罗杰斯. 罗杰斯著作精粹[M]. 刘毅,钟华,译. 北京:中国人民大学出版社,2006:227-228.

异,不应当就同一个问题要求学生得出一个统一的标准答案。应当重视因材施教,尊重学生在学习过程中的主体地位。从学习动机的角度分析,在人本主义理论中,人为学习是人类主动而自发形成的一种有目的且有选择的行动。通过学习,学生应当获得的是成就感和收获感,并依据所学习到的知识塑造自己的行为,教师在这个过程中主要承担的任务是为学生营造良好的环境,并提供合理的学习资源和学习渠道。让学生从枯燥固定的学习生活中解放出来,体会到学习的乐趣,从而主观上对学习产生兴趣,灵动课堂教学模式就是以教学形式的创新为主要方式,通过教学方式的转变力求引发学生主观上对学习的兴趣,激发其在学习中的主观能动性。

关于人本主义理论的具体教学观,主要强调的是学生在学习过程中要积极利用自身所获得的一些直接经验组织自主学习。从客观上来讲,不同学生的学习基础和主观上的学习能力都是有差异的,这虽然会造成实际学习效果上的差异,但也能够实现更加尊重学生的主观意愿,突出学生在学习中的个性特点。灵动课堂教学模式正是基于这一本质要求,将学生放在课堂教学过程中的主体地位上。另外,在教学评价环节,人本主义学习理论也将学生的自我评价纳入了学生学习效果评价环节中的重要位置上,提出学生应当从自身出发,本着对自己的学习状态负责的原则,对个人的学习情况有一个清晰的认知和客观的评价。从实际出发观察,师生结合的多元评价方法也已经在大部分课程教学过程中得到了运用。

第五节 深度学习与深度教学理论

深度学习是瑞典学者弗伦斯·马顿(Ference Marton)和罗杰·萨尔乔(Roger Saljo)在1976年提出的,其概念源于人工神经网络的研究。[1]与浅层学习相对应,深度学习是指在真实复杂的情境中,学生运用所学的本学科知识和跨学科知识,运用常规思维和非常规思维,将所学的知识和技能用于解决实际问题,以发展批判性思维、创新能力、合作精神和交往技能的认知策略。

---

[1] 于国海. 指向深度学习的知识教学——以小学数学为例[J]. 基础教育课程,2020(11):38-44.

2005年，何玲、黎加厚率先介绍了国外关于深度学习的成果，指出深度学习是指在理解学习的基础上，学习者能够批判性地学习新的思想和事实，并将它们融入原有的认知结构中，能够在众多思想间进行联系，能够将已有的知识迁移到新的情境中，做出决策和解决问题的学习。[1] 2014年，中国教育科学院院长田慧生先生带领一个团队对深度学习开始了深入研究，并取得了令人瞩目的成果。[2]立足于真实情境的问题解决、侧重于高阶思维能力的学习评价、基于整合思维的整合性学习、突出深度思辨的思维指向是深度学习的主要特征。华中师范大学郭元祥教授还提出了深度学习的三个基本标准，即学习的充分广度、充分深度和充分关联度。[3]总之，深度学习的核心是意义建构、知识迁移、问题解决、思维提升，其本质是学会学习、学会应用。当下，深度学习的理念已经为越来越多的人所重视。

深度教学的理念近年来在华中师范大学郭元祥等学者的呼吁下，也逐渐引起了教育界的关注。郭教授认为，知识具有三个不可分割的组成部分，即符号表征、逻辑形式和内在意义。[4]学习中，让人真正受用终生的不是符号知识本身，而是其背后所隐含的思维方式、价值观念以及在知识学习过程中所获得的情感体验。跳出知识本位主义，追求深度教学的认识一直是国外教育界研究的重点，杜威的"以问题为导向的课堂"，皮亚杰、维果斯基的建构主义理论，布鲁纳提出的让学生通过体验，自己发现观点，进行建构意义的发现学习，都在试图超越知识与技能目标，追求思维的更高发展和情感的深度体验。[5]在国内，早在90余年前，潘光旦先生就提出过相似的问题。他认为中国教育没有跳出三个桎梏，即普及读书写字的平民教育，教人吃饭本领的技能教育，培养专家和文官的人才教育。[6]这些教育和"育人"都离得很远，并明确提出教育不是训练、教育不是宣传，而是要唤起学习者的内在智慧。

---

[1]何玲,黎加厚.促进学生深度学习[J].现代教学,2005(05):29-30.
[2]田慧生.锡山高中,扎实推进课改的学校[J].基础教育课程,2015(19):1.
[3]郭元祥.深度学习:本质与理念[J].新教师,2017(07):11-14.
[4]郭元祥."深度教学":指向学科育人的教学改革实验[J].中小学管理,2021(05):18-21.
[5]刘玉良,戴凤智,张全.深度学习[M].西安:西安电子科技大学出版社,2019:90-91.
[6]潘光旦.读书问题[M].新月书店,1931:37-38.

第二章 育人理念的历史转变

第一节 从"中心论"到"学为中心"

教学改革进行多年,时代变迁,教育需求亦发生变化。当现有的教学范式与社会需求之间的矛盾不可调和时,教学会发生变革,教学关系也在不断发生改变,学生的课堂也在发生着翻天覆地的变化。回溯近代教育发展历史,可以看到人们对师生地位的认识始终在"教师中心"与"学生中心"两极之间徘徊。究其背后的原因,依然是"教"与"学"的钟摆现象所致,就教学主体关系来说是"教师中心"和"学生中心"的摇摆现象,而从研究的角度来看,先后经历了"教的研究""学的研究""教或学的研究""教学研究"等四种。整体来看,我国从古代到现代,先后经过的教学关系的变化为以下几种。在遥远的古代,教育刚刚萌芽,教和学的定义尚未明晰之时,主要以学为主,学是主动的,但此时教育只为少数人所拥有;近代以来,工业革命的发生要求教学效率提高,因此"重教"成为传统。随着社会进一步发展完善,效率不再是唯一的追求,此时,教育领域开始关注到人,"重学"风气开始兴起,于是"学为中心"成为对传统的反拨与转向;在现代社会中,由于社会发展速度快,"中心论"受到质疑,"教""学"开始融合,"为学而教"应运而生。

由于古代的教学并不是今天研究意义上的教学,因此,笔者将重点阐述教为中心、学为中心、为学而教三种不同社会背景下的教学理念发展,进而反映教学关系的变迁及其特征和影响。

一、"教为中心"的特征及其影响

(一)背景:社会发展追求高效,"重教"传统使然

在非形式化教育阶段,教育的承担者是老人或者是失去劳动能力的人,更多是一种保育的工作,由于层级的原因,其教育基本是靠血缘关系维系的。在形式化教育早期,小的群体教育开始出现,形式化教育早期的教师代表有孔子、苏格拉底等,在当时先解决吃饭问题才能解决教育问题,因此可以学习读书的人只有贵族。当时的教育状态是学无常师,在教学之中负责任的是学生本身,而非教师,学生学习的内容也多与自己的切身利益相关。此时以学习为主,各方面重点都放在学上,学生的学习具有主动性,但由于机构简单、组织松散,没有形成系统化的教学体系,教和学没有一定的标准、规则和规范,教学改进一直不够,效率十分低下。在理论层面,当时重点也是学,有研究者统计得出在《论语》中"学"字共出现64次,远高于出现7次的"教"。学、思、行也成了孔子的学习过程阶段理论。后来的思孟学派丰富和发展了孔子的学习理论,把学习过程概括为"学—问—思—辨—行"五个阶段。宋代朱熹更是对学习理论进行了精辟的探究,总结出独特的朱子读书法。可见,中国古代教、学关系研究范式以学立论,学代表教学。

在西方,古希腊罗马时期,教学思想开始萌生。如在苏格拉底的"产婆术"教学法中,已经开始看到教的痕迹,此时更多是以启发为主。形式化教育成熟时期,教师开始职业化,教师开始拥有固定的教学场所,如欧洲的家庭教育、中国私塾、朝鲜私塾等等,但私塾其实就是"念、背、打",并未形成系统的教学体系。真正教的理论产生是从制度化教育开始,从夸美纽斯的"母育学校"到后来赫尔巴特提出的"班级授课制",让教育开始正规化、制度化。[1]昆体良的《雄辩术原理》是最早研究教学法的著作,昆体良在书中提到体罚解决了动力机制问题。[2]夸美纽斯最早使用"教学(论)"这一术语,将其理解为"教学的艺术"。[3]1806年,赫尔巴特出版了《普通教育学》,建构了以教为核心的教学理论,由此确立了以教论代表教学论的思想。[4]此后,还有巴班斯基提出的"教学过程最优化"[5],美国布鲁纳的

---

[1] 袁虹.课程育人理念下高职院校实用文书写作课教学改革思考[J].佳木斯职业学院学报,2022,38(03):86-88.
[2] 昆体良.昆体良教育论著选[M].任钟印,选译.北京:人民教育出版社,1989:77-78.
[3] 夸美纽斯.大教学论[M].傅任敢,译.北京:人民教育出版社,1984:112-113.
[4] 赫尔巴特.普通教育学[M].李其龙,译.北京:人民教育出版社,2015:66-67.
[5] 尤·克·巴班斯基.教学过程最优化 一般教学论方面[M].北京:人民教育出版社,2007:89-90.

"学科教学论"以及布鲁姆的"掌握学习"理论[①],加涅的"九段教学法"[②],20世纪下半叶,奥苏贝尔的"学与教"理论[③],等等,体现的都是教为中心。可见在西方,人们主要是研究教的范式。

在社会发展方面,近代西方社会的发展向学校教学提出了效率的要求。为了提高效率,班级授课制从各方面加强和提高了教的作用和地位,在教学规律、方法、原则等方面均开始重视教。对于教学规律、教学方法、教学原则等方面与科学的结合探索,使学校教学有了质的飞跃,但是在这个过程中,由于过分重视教而忽视了学。在中华人民共和国成立之初,百废待兴,我国基础教育面临着旧基础教育改造和新社会主义基础教育体系创建的双重任务。我国的教学理论主要学习苏联,其代表人物是伊凡·安德烈耶维奇·凯洛夫(Иван Андреевич Каиров),他的代表作《教育学》是对赫尔巴特教学理论的继承与发展[④],主要强化教师、课堂教学、书本内容这"三中心"。凯洛夫的"五步教学法"在我国得到了巩固。从我国的现实情况来看,20世纪90年代以前的教学模式基本是教为中心。

整体来看,无论是社会的发展历程,还是教育领域的理论研究,在该阶段,主要重视教,而轻视学,教育界普遍认为知识具有复制性,"教为中心"的理念在中国盛行,且至今在我国的教育中仍占据较为重要的影响,形成了"重教"传统。

(二)特征:重教轻学,偏重知识传递

1.重教轻学

在"教为中心"的大趋势之下,学的定义十分明确,即为"教","学"只是"教"的延伸,是教的一部分。在这一定义中,"学"从来没有被视为一种目的。因此,在这一时期,以教为主,以学为辅。在教学领域,教学中的一切都是为了教师的"好教"和"教好"而设计的,学习不受重视。在研究领域,内容多关注教,而较少去研究学的相关内容。在理论层面,多也是以

[①]J.S.布鲁纳.外国教育名著丛书 布鲁纳教育论著选[M].邵瑞珍,张渭城,等译.北京:人民教育出版社,2018:147-148.
[②]张凤.加涅"九段教学法"在小学Scratch教学中的应用[J].中小学电教,2019(05):32-34.
[③]戴维·保罗·奥苏贝尔.意义学习新论 获得与保持知识的认知观[M].毛伟,译.杭州:浙江教育出版社,2018:47-49.
[④]凯洛夫.教育学[M].沈颖,南致善,等译.北京:人民教育出版社,1953:221-223.

教为主,而非学。无论是在教学活动中还是其他方面的师生交往中,能够看出教作为源头引导着其他活动的发生。教育领域中进行的一切都向人们彰显着教的重要性,在重教的过程重"学"被埋藏在角落之中不被人发现。

2.教师为主,学生为辅

在重教轻学的过程中,"教"对应的执行者"教师"自然成了时代的宠儿,而"学"对应的"学生"则备受冷落。这一点在教师的访谈中也有所体现,如Z5-F老师说:"以前老师是主体,教师可以把控权力,即使班里的孩子不会,但是老师按照本子上写的内容,教得很详细,那么真正教学中学生不会脱离你(教师)的整个教案多少,绝对不会。我以前跟着上过许多公开课,基本上都是四平八稳的。其实就是教,也就是你(教师)前面要经过大量的教,然后才能呈现这堂课,然后基本上都还是蛮完美的,蛮出色的。"

从材料中可以看出,在教师为主,学生为辅的主体关系中,教师几乎可以掌控课堂的一切,不出现一点差错。在交往的课堂中,学生是活生生的人,教育也是具有复杂性的,但是教师却能够让课堂不出现一点问题,由此也可以看出教师一定是做了很多的准备,包括一遍遍磨课、试讲等等,甚至不惜将学生也带入这种重复的场景之中,导致学生要听许多遍同一堂课。这种现象的出现对于教师来讲在一定程度上可以促进其专业能力的提升,但是对于学生来说,一遍遍听着重复的课堂,不仅会让学生在认知上产生错觉,误以为自己本来就应该配合老师"表演",而且会让学生对课堂失去兴趣。教学中,教本应服务于学,教师服务的对象也应是学生,但是在这一阶段却反过来了,学生为了教师去服务,在课堂上配合教师的一言一行,旨在让教师能够教得更好,在教学技艺上有所提升。尽管如此,对于教师来说,可能能够在一定程度上促进其发展,但是从长远意义上看,对其发展并没有好处,精心打磨的课程失去了服务的对象就如同水中浮萍一般,无法立住,且在教学的时候也失去了对象性。

3.知识本位,能力次之

"教为中心"的前提是"教什么",是时代的局限性以及传统重教观念使然,此时教育强调知识本位,教学的目的是让学生掌握系统的知识,为社会服务,成为社会系统中的一颗"螺丝钉",该过程轻视能力培养。在教学内容方面,在该理念下,严格按照教材中的内容进行,教学的内容即知识系统中的知识体系。当时教育界认为学习知识的能力即为一个人的综合能力,成绩越好,则能力越高,反之亦然。因此,学习成了一个人学生时代的全部,正因为如此,当时也出现了"高分低能"这种称谓。之所以"教为中心"能够成立,是因为运用知识选拔人才的快捷性是有目共睹的,且在知识更新换代并没有那么快的情况下,只教授既定的知识也是可行的,但对于能力培养的忽视却是一大弊端。

4.典型教学模式分析

在中华人民共和国成立后全面学习苏联的思潮中,凯洛夫的"五步教学法"(组织教学、导入新课、讲授新课、巩固新课、布置作业五环节)正式成为课堂教学模式的主流和正统,教师教到哪里,学生就学到哪里。教师严格按照五步教学法的教学流程授课,时间点也被计算好。这在教师访谈中也有所体现,Z5-F老师表示:"以前我们教学的时候复习要求5分钟,就必须要上够5分钟的,每次教研员来听课,他都是帮你看着这个表,帮你来对时间;然后新授要求15分钟内一定要搞定;同时要求10分钟内必须是练习,最后总结或者再布置作业等,这样一套下来是一个完整的流程。"由此能够看出在"教为中心"的理念之下,对于教师来说是十分机械的,而教师在这样的模式之中,每天要研究的更多是如何把教的流程做到完美。这种模式是典型的"先教后学,随教而学"的代表。

"少教多学"关注教学关系中"教"与"学"的比例关系的转变,它开始强调教对学的指导作用,以迁移理论为基础。学习迁移现象早已为人们所认知,例如孔子说:"举一隅不以三隅反,则不复也。"但这种模式只是对前一种教学模式的修补,仍然属于一种传统的教学模式,这两种教学模式只是在教和学的量上发生了变化,本质上都是教在进行主导。

在"教为中心"的理念之下,教学模式主要为教而服务,学是作为教的后来者或者是教的成果来体现的,从一定意义上来讲,没有教就没有学,教置于学之前。

(三)影响:教学因袭旧路,学生主体性受抑

1.正面影响

教为中心的理念将教学系统化、正规化,强化系统知识的学习,注意培养学生的逻辑思维能力和学生良好的道德品质。这种理念在短时间内高效率地向学生传递了大量的知识信息,有利于应试;教师传授知识,学生跟随学习,最为便捷。在传授知识方面有以下优势:一是对学生进行大容量的知识的高效传递,尤其对于低年级的孩子来说,由于其年龄较小不具有学习的自觉性,因此需要进一步为学生固化知识体系;二是规范了教师的教学,如教学规则等,在一定程度上保证最大限度公平惠及学生;三是学生学习效果可以由教师一人进行检测,方便易行,且方便比较;四是学生学习材料获取简单,不需要自己辛苦寻找,只需要将准备好的材料按照要求学习好即可。系统、高效、简便、便于评价等优势是该模式长盛不衰的内在缘由。

2.负面影响

受功利主义的影响,儿童为未来的生活做准备的需求被无限放大,学生负担重以及择校情况越来越严重。片面追求升学率,忽略了学生的真实需求,且不关注学生生活本身,脱离其真实状态,只专注于书本,造成学生兴趣的缺失。并且教为中心认为学生不完满,需要得到发展,这需要教师的权威作用,许多教师不把学生当作完备的人来看待,因此导致体罚的出现。这种做法其实是对人的认识的单一化、片面化,否认儿童的存在,忽视人发展的动态性和连续性。另外,由于它片面强调教师灌输式的教,压抑了学生个性的发挥,使得课堂死气沉沉,缺乏生机与活力。不仅用框架"框住"了学生,也让老师待在一个框架中无法出来。因此,这种教学整体呈现出以下弊端:学生学习被动,追随教师,亦步亦趋,无法发挥主体性,理解力受限,可能习得无用知识、空壳知识,知识不促进其智慧发展和心灵解放,反而可能束缚自身;教师中心和权威的地位得以巩固和加强,教师将精力投入教而非学,教的方式更多是口耳相传,内容外显化、教条化,对于教学的艺术追求更多地偏向展示教师自己的知识技能。学生的学习依赖于教师,教师几乎可以掌握学生的未来,教学呈现教条化、模式化、单向性、专制性等特征。

二、"学为中心"的反拨与转向

(一)背景:反思重教传统,"重学"风气兴起

现代教学是对近代学校教学的反拨与变革,教学重心回归到学生本身,但并非回归到古代教学,而是在近代教学方式的基础上继续前进。它

是以20世纪初杜威的进步主义教育理论与实用主义教育思想为基础发展起来的教学过程体系，它的主要特点是关注学、关注儿童。但在杜威之前，卢梭就提出了"教育要崇尚自然"。至20世纪40年代，美国著名医学心理学家、教育家罗杰斯完整地提出"学生中心说"。20世纪60年代，布鲁纳提出"发现式学习"，其核心思想也是鼓励学生的自主学习、自主探究。20世纪70年代，苏联心理学家维果斯基的理论被传播到美国，他在谈到教学与发展的关系时引入了"最近发展区"这一概念。[1]随后，其理论被美国教育者在普遍强调儿童中心的文化背景下吸收，进而衍生出支架式教学的思想。[2]进入20世纪90年代，以乔纳森为代表的、以主观主义为特征的激进建构主义进一步强调了"以学生为中心"的思想，强调学生对知识的主动探索、主动发现和对所学知识意义的主动建构，而不是像传统教学那样，只是把知识从教师头脑中移到学生的笔记本上，所以情境创设、协商会话和信息提供是建构主义学习环境的基本要素。21世纪课程改革强调学生素养以及素质的提升，社会信息技术的发展也在促使由教向学的转变。

1917年，在美国师从杜威的陶行知学成回国后，对国内教育的状况极为不满，因为教师只管教，学生只管学。他认为，教的法子必须根据学的法子。先生的责任不在教，而在教学，教学生学，并且将南京师范学校全部课程中的"教授法"改为"教学法"。[3]20世纪90年代，中国基础教育发生了前所未有的教育思想革命——专注于课堂教学变革的思想创新。这种教学思想转变的标志，是全国各地都掀起了"学法指导"的热潮，使课堂研究的焦点逐渐转向学生和学习。从知识的角度分析，发生这样的变化的确有因可循，在经验作为知识的时代，教师只需要通过传授，将知识传于学生即可，教师中心和"教为中心"都是适合的。但随着时代变化，进入理论型知识时代，知识经历着从经验型向理论型的转化，如果循着老路则无法满足需求，且知识更新加快，不仅要求学生能掌握所学知识，而且能够举一反三，具备综合运用知识的能力。"学为中心"自然日益受到教育理论界

---

[1] 曹殿波.学与教的基本理论[M].银川：宁夏人民出版社，2014：64-65.
[2] 赵鑫.支架式教学在初中文言文教学中的应用研究[D].南充：西华师范大学，2021：21-23.
[3] 刘若楠，屈玉丽.陶行知教学合一思想对语文教学的启示[J].文学教育（下），2022（05）：162-164.

的重视,教学理念开始发生转向,这一理论是在20世纪90年代以后随着多媒体和网络技术的日益普及才逐渐发展起来的。

整体而言,"学为中心"的内涵包括了满足学生的成长需求、基于学生的学习准备、尊重学生的个别差异、开发学生的发展潜能和促进学生的学业进步五个方面。现如今,对于学为中心的研究依旧很多,但研究多聚焦于高教阶段,研究表明学为中心更加适用于高等教育阶段,更加适用于有学习自主性的孩子。由此可见"学为中心"也有一定的局限性。

(二)特征:重学轻教,素养本位

1.重学轻教,教学分离

同"教为中心"一样,"学为中心"也只是更加重视一方面,由重教转向了重学,但是相对轻视教,且因为学的理论的开始盛行,教和学形成了对立局面,教和学开始分离。在重教的时代,教就是学校活动中的主宰,但是当学的理论开始萌发之后,人们内心深处开始产生矛盾,到底是对以往坚持的理念继续坚信,还是开始思考新的理念。人往往对于新的事物的接受能力并不是那么强,不会在一开始就接受,但是新事物却会对人的思想开始产生冲击,因此,一些人继续坚持教的重要性,而有一群人就开始思考学的重要性,并且开始把学的理论发扬光大。在这样的过程中,本来没有对立关系的教和学却因为人们分持两端而变成对立的关系,教和学至此开始以分离的状态呈现。

在分离之后,一时间,由于对学的研究开始逐渐增多,对于教的否定的声音越来越多,学占据了主导地位,不仅在理论层面,在实践层面学也成为重中之重。教学从学习出发,开始研究学什么、如何学、谁来学等问题。一时之间,学成了教育领域中的焦点,教逐渐受到冷落。

2.学生为主,教师为辅

在该理念之下,教学内容比较重视儿童经验,教师更多是以指导者或者是帮助者的身份存在的。学生作为主体被充分重视,但教师的真正地位却没有被认真对待,在该阶段,学生成为被关注的对象,实践研究也都与学有关,各种与学相关的内容如雨后春笋一样接连出现,但教开始慢慢被人遗忘。教师开始受到批判,成为教学关系中的弱势地位存在。对于儿童经验的重视让人们开始重新思考儿童的意义、儿童的学习状态、儿童的思维等等。曾经人们对于儿童的认识并不完全,没有全面认识学生本身,成人总认为儿童还在发展的阶段,因此,他们并不是完整的,在教学中,对于孩童的重视程度较低。但是在学为中心理念之下,学生的重要性被提及,一时间,人们纷纷开始关注孩子,与之相关的研究也开始增多。孩子的独创性、独特性等开始逐渐被挖掘,他们的主体性开始得到重视。一些学校甚至将学生抬到最高的地位,让教师成为陪衬,在学生需要的时候,教师才出场。在这样的过程中,教师的独特性和主体性受到了压制,并不能够真正发挥其作用。

3.活动本位,重视素养

由于杜威强调儿童经验,且关于学的理论研究的是如何让学生更好地发挥其主动性,而活动作为杜威儿童理论中的重要概念受到教育学者的青睐。该理念之下教学的目的是让学生得到发展,围绕学生展开,使学生学得更好,让学生在掌握知识的同时提升其素养,从知识目标转向了素养目标。学习领域的研究倡导与生活相结合。因此在实践的过程中,不再是固化的教授过程,而是将学习分为不同的模块,不同的活动,以此促进学生的能力发展。"学为中心"之下,活动更加受到重视,尤其是学生的活动,在课堂之上,活动取代了以往讲授的模式,开始从老师向学生转变。对于学生的评价也不再是只重视学业成绩,而是开始重视其能力和素养的发展。

4.典型教学模式分析

"自学自理,以教辅学"和"先学后教,以学定教"是现代教学模式的代表,也可总结为"学为中心"的代表。

"自学自理,教以辅学"教学模式是对"少教多学,教以导学"教学模式的超越和转型,这一教学模式关注对学生自学能力的培养。在这种模式中,教师教的地位大大弱化,学生学的地位和作用更加突出,教师摒弃了教为中心、教师中心的课堂教学观,以学生为中心的课堂教学得以真正确立。魏书生的"自学辅导"教学模式就是其代表,他的课堂呈现的特色是融入学生"自理"。这种模式体现出从社会变革发展和人生全程发展来说,学习能力比获得的知识本身更为重要。但是,在该模式中,轻视了"教",如何"自学""自理"都是需要教的,当教被边缘化,如何指导"自学与自理"对老师来讲也是一件极富挑战的事情。

"先学后教,以学定教"教学模式从邱学华提出的"尝试教学"中可以窥见它的具体实践形态。[①]教学的中心由"教"向"学"转变,学生的"学"既是教学活动的逻辑起点,又是教学活动的归宿,使学生在自学指导的模式下由"学会"走向"会学"。但是这一模式也存在问题,一是没有真正处理好学与教的关系,只是对传统师生教学顺序进行了颠倒,对于解决传统的从教到学、重教轻学的弊端是有效的,而非诠释并解决了教学关系;二是难以关涉学生学习的内化和内隐目标;三是如何先学,如何管理先学,如何达到有效性这些问题很难解决。

近年来经过江苏洋思中学、东庐中学以及山东杜郎口中学的实践后,这一模式在全国产生了极大的影响,在全国引发了"旋风般"的轰动效应。以杜郎口中学为例,杜郎口中学本是一所地处欠发达地区的农村中学,设施、师资、生源等各方面都不好。后来围绕学生主体地位,他们逐步形成了独具特色的"三三六"自主学习模式,该模式以学生在课堂中的自主参与为特色,课堂中的大部分属于课堂的主人——学生,老师仅用极少的时间进行"点拨"。如其他学校一样,杜郎口中学一时间成为明星学校,前来参观、听课的人络绎不绝,其先进性有目共睹,但是随着时间的流逝,其教学方式的形式化、难以实施性开始受到诟病。

从典型的教学模式分析可以看出,由于教学的分离,教和学对立状态的存在,使得部分一线教学从"教"的极端走向了"学"的极端,在发挥积极意义的过程中因矫枉过正也开始逐渐产生一些弊端。

(三)影响:学生主动性彰显,教师作用受到抑制

1.正面影响

首先,以学为中心的理念打破了以往教学只关注教师教的片面性,开始关注到学生,意识到学生的主体能动性,在思想上尝试将课堂还给学生,这是教育领域的巨大尝试。其次,教师在一定程度上也得到了解放,学习本就是学生自己的事情,当学生的主动性提高之后,教师不用在既有的框架中机械地走流程。此外,在实践之中,一些学校的尝试使得教学质量显著提高,学生成绩大幅提升,学校规模快速扩大,办学条件迅速改善,精神风貌焕然一新,于是教育领域也开始进行各种改革。

2.负面影响

无论是教育理念、教学模式还是教学关系,一种范式完全替代另一种

[①] 邱学华."尝试教学"的新进展[J].江苏教育,2014(18):71-72.

范式的情况并不常见,对教学的单一范式理解可能会造成教学认识和实践上的偏差或教学要求上的极端化倾向。从关系思维的角度来看,学为中心依然是主体思维的产物,是知识权威、教师权威、学生中心和教学各要素之间的对立、对抗。从只重视教的片面性走向了只重视学的片面性。结果往往忽视教师主导作用的发挥,忽视师生之间的情感交流;另外,当学生自主学习的自由度过大时,很容易偏离教学目标的要求。此外,由于时代的局限,问题本身的复杂性以及教师水平、教学设施等原因,围绕学生的学进行的教学改革屡屡受挫,并且现代教学理论和实践在处理教与学的关系问题时,也出现了过于强调学生主动能力而对教师作用有所忽视的偏差,产生以下不良的影响:一是想要达到探究、合作和问题导向的课堂被"自由"的学生讲解题目取代;二是滥用学的理论,将强化训练变成学习新知的唯一渠道;三是"导学"的功能退化为"强化"功能。

三、"为学而教"的应运而生

(一)背景:"中心论"受质疑,"教""学"开始融合

1. 争论的产生

20世纪90年代,关于教育主体的讨论成为教育学界的一个热点问题。在不断变迁的过程中,人们开始发现无论是教学关系中的"教为中心"和"学为中心",还是主体关系中的"教师中心"和"学生中心",均存在问题。二者的问题在于寻求一个中心,重视其中一方,忽略另外一方。且随着时间的推移,实践的验证,建构主义在西方教育界开始受到质疑。其主要原因是经济的萧条促使人们开始反思出教育的纪律涣散、学校秩序不稳定、教育质量下降等问题,美国发布了《国家在危机中:教育改革势在必行》,严厉指责以学生为中心的理念是平庸主义,威胁着国家和公民的未来。因此,杜威的学生中心理论也开始受到质疑。教育理论与实践之间也有分歧所在,在实践中,教育理论工作者多支持学生中心论,教育实践工作者多支持教师中心论。关于教育主体性的讨论可以认为是这一问题的进一步深化。在教师主体性的支配下,学生成为没有独立精神和自主性的人;在学生主体性教学中,学生则成为自我中心的占有性个体。学为中心和教为中心都是主客对立的体现。主体教育论关注教育主体的主体性问题,这其中包括受教育者和教育者,受教育者的主体性体现在注重培养受教育者个性素质的主体性品质和把受教育者看作自身和发展的主体,把教育活动看作对受教育者的学习与发展的引导和规范两个方面。对于教育者的主体性,包括根据受教育者的主体性,引导和规范受教育者的学习和发展,因势利导、因材施教和在教育过程中有自己的教育价值选择和主动创造。在这个过程中关注受教育者的主体性,但是也不否定和排斥教育者的主体性。整体来看,社会的发展已经无法仅仅满足于"教为中心"或"学为中心",而是要寻求一种融合或新的教学关系的产生。

2.对教学关系的再思考

从历史发展的角度来看,无论是"教为中心"还是"学为中心",都能够从其历史发展中找到踪迹。如苏格拉底的"产婆术"教学法,孔子的"启发式"教学法都具有学生中心论的因素,同时在古希腊也盛行着对学生的体罚,是时流传着这样的谚语"儿童的耳朵是长在背上的",中国则早在夏代就有用于针对学生的体罚的工具了,而体罚则正是教师中心论在教学实践中的集中表现之一。因此有学者提出将教师中心与学生中心融合起来,形成混合式学习。也有学者提出"主导—主体式"教学模式,旨在吸收二者的优点,使之互补。

还有学者通过师生之间的关系解读,提出主体间性,强调人与人之间的相互作用、沟通、理解和交流等。即教师和学生均具有主体性,二者共处于一个统一体中,皆为主体。从前面的分析可以看出教为中心和学为中心都有其优势和不足,不能简单地用后者去取代或否定前者,也不能反过来用前者去否定或取代后者。二者都更加倾向于一方,想要寻求一个中心,而在教育中,教师的教和学生的学缺一不可,教师和学生之间也不是对立的关系。教育活动是一个动态发展过程,并非抽象的、一成不变的,因此需要应对教学活动做具体分析。根据发展心理学的研究,儿童在不同的时期具有不同的发展特征,如在发展初期只有先天图式可以同化外界,且以自我为中心,不能很好地去理解他人;在发展中期,儿童逐渐产生独立性;后期则主体性开始呈现张扬状态。针对不同时期的孩子,如果仅仅谈论儿童中心或者教师中心都是不可取的。需要认识到教师和学生都是发展的主体,二者是交互的关系,互动的目的在于学习与发展。

在新的时代背景之下,我们应该审思慎取、择善而从,或者根据自己的实际情况创新重建,而不应是跟风盲从。没有了学生的学,教师的教就失去了依据和方向;没有教师的教,教学活动就变成了学生的自学活动,教学的规范也无从谈起。在教学关系中,不仅要关注学生,还要关注教师,教学是一种用心灵唤醒心灵的活动,教师和学生都是真实存在的鲜活个体,因此,除却专业技能,他们更需要真实对待彼此,在交往中更新知识与生命。

"为学而教"可以考虑到学生的特点,根据情况而变,而不是拘泥于一种教学方式。无论是学为中心还是教为中心,本质上都是"二元论"和"一元权威",导致的后果就是造成主从关系的存在。"为学而教"的最终目的是学习,而在这个过程中并不会以谁为中心,而是教师和学生共同为了一件事而努力。当学成了自己的事情,学生的心态会发生转变,心态的转变会带动行为发生转变。学为中心的理念之下,学生认为一切都要为自己让路,所有人都要围绕自己转;为学而教的理念之下,当学习本身成为一种目标时,所对应的不仅仅是学生的学,同时也有教师的成长。与古代的因学而教不同,因学而教更多是一种教师的被动状态,因为学生要学才去教,是一种自然生成的状态,而"为学而教"则目的性更强一些,是为了学生学习而进行教学活动。

(二)探索:师生互动共生,"教"与"学"共存

1. 教学目标

教学活动的目的在于认识客观世界和提升主观意识,教学活动就是围绕这个展开的。学习成为教学的目的,促进教师和学生共同的成长,教师能够在自己的教师职业生涯中做到教书育人,而学生能够在这样的教学中自由成长。在这样的过程中,既要求学生主动学习,同时教师也处在不断的学习与研究之中。

2. 教学内容

从"中心论"到"为学而教"在教学内容上面发生了很大的变化,"中心论"之下关注的只是处在中心位置的一方,而"为学而教"关注的除了科学世界的系统性知识内容外,还开始关注学生的生活领域内容。

(三)影响:打破二元对立,走向交往教学

在教学的过程中,没有严格意义上的先后之分,更无定量的固化要求,教学过程是师生相互合作、相互交往、共同存在、共同发展的过程,学中蕴含着教的因素，教中有学的参与，教、学永远是共存共生的。在关系思维下，"教"与"学"的关系不再是谁占主导，谁服务于谁的关系，而是同盟的关系，即教学同盟。将教师的教与学生的学相统一，把各方利益主体放在同等的位置。而这样做需要的就是平等的对话和良好的师生关系。梅贻琦先生在《大学一解》中论道："学校犹如水也，师生犹鱼也，其行动如游泳也。大鱼前导，小鱼尾随，是从游也。从游既久，其濡染观摩之效，自不求而至，不为而成。"[1]"教师导引、学生从游"的师生交往是人们所向往的。在这样的交往中，师生都会如沐春风，学生能够获得积极的生活体验和生活态度。"为学而教"的理念为教育者指明了一种新的教学关系，但现如今包含这种关系的教学方法多是在尝试之中。

从"教为中心"到"学为中心"再到"为学而教"，这是教育的进步，也是社会发展的产物。教学是教师教，学生学的统一活动，这些对于教学的认识都涵盖"教"与"学"双方的统一，是双方的互动活动。另外，对教与学双方认识的偏向会导致实践的不同结果。偏重于教师，则会忽略学生的主动性；仅偏重于学生，则不利于学生真正的成长。因此，教师的教和学生的学是同一活动的两个方面，二者相互依存，相辅相成。

教师的教与学生的学之间的"交往"是教学研究的基本单位。教学理论的研究路径大致有从纯粹理论衍生到现实教学实践和从教学实践到理论的提升两种。在这两种形式中，任何教学目标的确定与修正、教学内容的改变、教学模式的概括与应用，都是对"教"与"学"良性互动的总结。教学是人类交往形式的一种，其特殊性表现在交往的主体是教师和学生，交往的场所是学校，交往是为了学生的发展。

教学关系发生变化的同时，师生之间的交往也随之发生改变，在不同理念之下，师生交往的呈现状态应该是什么样的？

第二节 师生交往的实践反思

随着对教学内涵式发展的研究，对教师和学生之间交往的研究愈发深入，师生交往对于教学的影响也越来越大，在师生交往中，很多教师认识

---

[1]梅贻琦. 大学一解[J]. 中国大学教学，2002(10)：44-47.

到了师生交往的重要性,开始意识到学生的主体性地位,于是开始尝试探索良性的师生交往。如前所述,教学关系的变迁是从"教为中心"到"学为中心"再到"为学而教",可见教学关系具有复杂性,尤其在"中心论"的影响之下,在教与学的不断摇摆之中,师生交往也出现了一些问题,笔者结合实践中的具体案例,分析师生交往中的现实问题及原因,并探讨理念的改变对于师生交往可能带来的影响。

一、师生交往的现实问题

进入学校场域之中,笔者发现在实践领域,师生交往在"中心论"的影响下依然存在一些问题,或有"教为中心"的影子,或有"学为中心"的影子,由于考试依旧是如今教育中最为常见的评价方式,因此"教为中心"对师生交往的影响更为深刻。

(一)交往主体不平等

教育领域中,教师和学生本应该都是交往主体,但在师生交往的过程中,他们更多的只是展示了自己的某一面,并没有将完整的自己展现出来,在该过程中,学生表现为失语状态,教师表现为独白状态。在交往过程中,理想状态是你来我往,你说我听,我说你听,彼此在交流的过程中有思考的火花出现。但是在中心论的理念之下,出现了一方失语,另外一方是独白的状态,这样的交往导致教学过程中只能看到主体的片面性,无法看到完整而丰富的人。

1.学生的失语状态

在师生交往中本应该作为交往主体的教师和学生,在中心论理念的指引下,只有教师是交往主体,而学生被认为是一种"容器",被认为是客体,学生往往被动或被迫与教师交往,这种不平等的交往状况使学生处于劣势地位,丧失了应有的思想和言语自由,极大地弱化了交往的教育功效。

学生在教师主导的情况下需要跟紧老师的步伐,当跟不上的时候就会出现失语状态,而还有些同学会因为老师的表现而不愿意沟通,也有部分学生就是不想要说话,觉得不需要,因为在他们的印象中,课堂是老师的主场,而不是他们(学生)的,教师在课堂上具有"话语霸权"地位,学生处于弱势地位。

2.教师的独白状态

由于学校处在知识的世界之中,教师作为占有优势资源的一方,具有主动性。教师往往认为自己比学生优越,教师必须对学生耳提面命,教师不能与学生平等相待,更不能向学生敞开心扉。师生之间的交往沦为教师的独白,失去了交往意义。在教师的访谈中也体现了这一点。

ZH4-F老师:"历来老师都是比较有话语权的,我们小时候都不敢大声跟老师说话,因此,现在自己做了老师也会不自觉代入,觉得课堂就应该是老师的舞台,学生更多是观众。"

Z5-F老师:"基本上教师的教案背得相当详细,跟着学就没什么大问题了。教师需要做的就是背得滚瓜烂熟,之后上起课来基本就没什么问题,包括小朋友这边也不会有临时的与你教案相冲突的地方,基本是不存在意外的。"

SW5-F老师:"以前老师说什么就是什么,学生没有反驳也不能反驳。包括家长对老师的信任程度也是100%的。工作比较好开展,比如说我有什么问题,学生这里解决不了,那就去找家长,家长肯定能够给你解决,因为(家长)本来文化层次也不高,相较而言教师的学历还算高的,他们(家长)就觉得老师就是对的,就愿意相信老师说的话,对老师的信赖度很大。"

从三位教师的访谈中,可以看出教师的权威意识很强,不允许反驳,且在课堂上注重完整性和流畅度,也不允许学生出现"状况",如同机器运转的周而复始一般,看似完美但是却没有感情在。同时,他们自己小时候的教育经历对自己成为教师之后的影响也较大,曾经作为学生服从教师的权威,而长大之后成了曾经自己眼中的"权威",在这个过程中,不仅社会允许这种行为,家长也是老师的维护者。因此,教师的独白状态是被接受、被认可的,甚至许多人会认为教师讲得越多越好,这样说明这个老师知识比较扎实。

在这种不平等的交往中,很容易造成师生间关系的异化:虽有交往,但未必能沟通;虽有来往,但未必是在"对话";虽有相互影响,但未必能达到理解和融合。在师生交往的过程中,本应该是能动的二者,在现实中,却被异化为教师主体,学生客体的状态。因此,在这种师生交往之中,教师和学生的关系表现为"我和它"的关系,"它"代表的是物、是对象、是工具。

任何意义上对师道的挑战都被视为离经叛道。

（二）交往内容重知轻情

从认知的角度来看，专业信息是师生交往的内容；从社会学的意义上来说，情感信息也是师生交往的内容。教师与学生的交往过程是将专业信息与情感信息融合于一体的活动，但在学校场域之中，师生交往的内容多是围绕专业信息，即知识系统而进行的，在这样的过程中，师生交往的内容呈现为重视知识内容传递，轻视情感的互动[①]。

1.重视知识内容传递

交往内容仅仅是知识层面的学习会导致师生变成"单面人"，这样的交往，基本都是围绕着学习、围绕科学世界进行的，主要是围绕知识进行的，停留在考试、学习和知识的掌握之中。

2.缺乏情感领域的互动

由于在一些师生交往的过程中，如前所述，教师为主体，学生被认为是客体，因此在交往的过程中，教师会带着自身的优越感，认为学生是一个未完成的人，二者不是平等的，因此在情感上很难达成互动的状态。教师对于学生是一种单向输出，而是否收到回馈，教师和学生的判断标准都是考试成绩，因此，对于学生和教师真实的想法很少有人真正关注。在这样的交往之中，教师和学生以及学习的内容都被抽象成了数字、符号等，在学科之下，知识被分割成适合学生记忆的内容，使得学生成为理性的人，而不是人文的人。例如Z5-F老师提道："钓鱼式提问就是这样，这一个知识点，通过你回答一个，他回答一个，好来拼成一个完整的知识点呈现给孩子。对孩子来说，他永远知道的也还是单一的知识点，有些内容孩子根本就没经历过，他仅仅只是记忆了。"从教师的访谈中能够看出，她所提出的问题在现实中依然存在，课堂上老师的一些提问是提前设计好的，他们知道学生将会如何回答，也知道这道题目设计的背后意义是什么，但是这种"切割"的题目并不一定会受到学生的肯定，一些学生会认为题目过于简单，没有和老师互动的必要；也有学生认为回答这样的题目收获不大；当然也不乏一些想要获得表扬的学生会争先恐后地回答这种问题，但是他们真实的收获却并不一定在知识层面上。

正是因为这种对于知识的无限细化，师生在交往的过程中，面对的是

---

①段奇.交往理性视域下的师生交往研究[D].太原:山西大学,2021:22-23.

定量的内容,但是对于学生来说,他们的思维是活跃的,注意力是难以集中的,想象力是丰富的,他们需要和老师有情感和情绪上的互动,以此更能够唤醒他们学习的欲望,且对于教师来说,也更有发挥的空间。

(三)交往方式单一

在教师权威的观念下,决定了知识的单向传递,即教师与学生的自上而下的传递,因此交往也是单向的,在课堂之中,教师期待自己的"声音"能够被学生接受,在接受之后可以消化。在课堂之外,教师与学生之间的交往行为也多是教师发起的,或是惩罚,或是表扬,或是其他,教师期待的结果是学生能够服从,学生期待能够得到老师的认可。

师生交往的方式主要是围绕着教来进行的,师生之间主要是通过课堂中的互动进行交往,且方式较为单一,具体表现在时间和空间上的单一,基本是在学校场域的课堂讲授,而在讲授的过程中主要以"教"为主,从前文论述中得知师生交往的内容主要建立在知识内容的传递之上。因此,在交往过程中,主要停留在教上。课堂上表现为单一的讲授,评价沦为对成绩好坏的判定,提问期待得到唯一的"正确答案"。且随着课业压力的增大,时间也成为师生交往的"拦路虎",例如在访谈中,ZH4-F老师表示:"现在(对学生)也找得少了,首先因为他们(学生)也没时间,你看他们早晨来了之后就开始收作业、读书,接着上课,需要上数学、英语和语文三门课。其次,我们(老师)也没时间,以前上体育和活动课时会去找他们,和他们聊一聊、说一说,但是现在进入中高年级了,他们很忙,我们也很忙,上课要完成教学任务,下课要订正作业。"

从访谈中能够看出,教师的时间和学生的时间都是比较缺乏的,因此师生进行交往较为局限。除了时间以外,师生交往的空间也多被限制在班级之中。

(四)呈现虚假交往

1.知识的短时高效传递,未真正促进能力提升

在中心论下的师生交往中,学生如"容器"一般。而教师如同工人一般,向"容器"里面倾倒内容。这些内容是系统的,在短时间内,一个教师要同时面对一个班级的学生,越想要这些知识被学生快速掌握,越不能让其长时间留在学生的记忆之中。如Z5-F老师说:"他们(指学生)在记忆数

学知识对吧？但是在记忆数学知识的时候并没有理解这些知识,同样的,有时候两分钟就可以给孩子一个结论,然后大量地操练也能识得所得的结论,但习得对孩子来说,他记忆的这些知识是短时的,但他不会灵活运用。有的数学的题目,它不是单一的知识,它是一些知识点综合的练习,那么孩子本来就不会,更不要说举一反三。尽管知识可以在短时间内教给学生,但是他们的能力却不一定能达到要求。"可见知识可以达到短时高效的传递,就如同背诵英语单词一样,一个早读的时间认真背诵甚至可以背诵一个单元的单词,但并不能够代表学生掌握了这些单词,也无法以此判断学生的英语能力得到了提升。能力就是如此,它需要时间的沉淀,也需要真正投入知识领域之中,做到理解与掌握。

2.师生个性的压抑

在部分教学过程中,由于深受客观主义影响,知识被绝对化,丧失了作为师生间教学交往中介的动态功能,外在化于情感、生活,"反客为主"成了束缚教师创造性、压制学生主体性的枷锁。知识本是一扇帮助人们看到世界的窗口,但是在"中心论"之下,教师成了维护窗口的使者,而学生成了不断追寻窗口的机器,窗口成了最终目的,使得本末倒置,忽略了学生的学,学生的个性得不到重视,同时由于教学过于机械性,使教师的个性也受到了压抑。这点从访谈材料中也能看出。

Z5-F老师:"跟着我们的区教研员学习,教研员告诉我们整节课教案里面的话是不能乱说的,就是很死板的,而且那个区教研员也是非常严厉的,我跟着他就像在进修班一样,我跟了他好几年,在课堂上包括怎样的转折与过渡语,都要写得非常详细。我们教案都是一个模式,基本上就是呈现一个问题,你要把一个问题切碎成很多个小问题,他的答案不可能是五花八门的,某一个问题给你基本上就只能是这几种答案。"

法兰克福学派马尔库塞在《单向度的人:发达工业社会意识形态研究》中提出,发达工业社会成功地压制了人们心中的否定性、批判性、超越性的向度,使这个社会成为单向度的社会,而生活在其中的人就成了单向度的人,这种人丧失了自由和创造力,不再想象或追求与现实生活不同的另一种生活,对于学生来说,有的时候需要迎合教师的喜好。[1]在这个过程

---

[1] 赫伯特·马尔库塞.单向度的人:发达工业社会意识形态研究[M].刘继,译.重庆:重庆出版社,2016:52-53.

中,他们的个性和创造性得到压抑,同时获取的知识也并非自己所需求的。对于教师来讲,教师职业本应具有创造性和独特性,但在框架之下,他们沦为知识点的搬运工,个人创造性无法真正展现出来。

3.师生情感体验缺失

情感体验缺失(emotional experience deficit)是指个体在情绪和情感的知觉、理解、表达过程中,在经验和技能上明显低于正常水平的现象。情感世界苍白、内心荒漠化、缺乏同情心、无法理解周围的人等,都是情感体验缺失的一些日常表现或通俗理解。情感体验缺失主要反映在几个方面:情感智力发展滞后、心理承受力发展受到抑制和反社会人格。在小学生的世界中,除了与家人相处的时间之外,很多的时间都是在学校中与老师同学一起度过的,而课堂上的时间占据更多。因此,教师对学生的影响极为深刻。但是在与教师进行交往的过程中,如果传达给学生的只有冷冰冰的知识、考试等,这会造成学生在情感上的缺失,进而影响到学生在生活中的情感表达。对于教师来说,工作的内容是教学,面对的对象是学生,自己用尽心力研究的是如何教,而无法在与学生的交往中获取愉悦感,会造成教师的职业倦怠,同时会进一步影响到教育效果。人是一种情感性的动物,作为教师的人,必备的一种基本素质应该就是情感素质了。在教育中,双方情感的融入能够让学生和教师都投入交往之中,这样不仅有助于促进学生的成长,也能够促成学生对于教师工作的理解和支持,特别是对于教师人格的信任,从而形成双方交往的良性循环。

二、师生交往现实问题的成因

师生交往存在的现实问题是社会、学校、教师、学生多重因素综合作用的结果,因此,对于现实中师生交往,需要结合以下四个方面多角度进行分析。

(一)社会多方作用,形成应试压力

整体来讲,社会中企业需求、家长期待、国家发展等都对于教育抱以厚望。企业需要一个选拔机制,家长期待孩子能够获得立竿见影的学习效果、国家也需要一个评价标准。综合下来,考试成了最为方便可行的方式,因此,现在的教学依然是在应试主导之下的。对于小学阶段来说,社会对于他们的要求是完成小学阶段的课程,因此在师生交往的过程中,教

师和学生的压力也多是来自社会层面,社会对于师生的期望,以及家长给予的压力等。小学教师为了满足社会对他们提出的要求以及完成体现社会精神的教育教学任务,在交往中,他们总是依照社会实施的标准、社会提供的样本、社会规定的尺寸来审视、度量学生。这些在课堂中师生交往中有所体现。

例如:W3班的数学课堂是一节练习课,由于在复习阶段,基本上课堂上不是在做卷子就是在讲卷子,有两个比较调皮的学生因为一点小事打闹了起来,Z5-F老师批评他们:"马上就要考试了,还在搞事情,一定要有点什么事情做是吧,没有事情就不精彩是吧。我可以很肯定地告诉你们,这样下去,你们没有人在毕业考中可以得到优秀,你们考试跟其他人是不一样的,其他是升学考,而你们是毕业考,小学毕业考只有一次,你们要想想如何为自己的小学生涯画上一个完满的句号,给家长一个交代,给自己的老师一个交代。"

可以看出在师生交往的过程中,社会作为教育的大背景扮演着风向标的角色,而指向的方向则是应试,为何应试在如今依然具备很大的市场,为何"教为中心"的情况在一些学校依然很严重,主要原因就在于风向标没有变化,且较为简单,导向性很明显,因此师生交往会受到这方面的影响,追随风向标而往前走,进而产生了一系列交往问题。而社会的导向其实是源头,由于多方作用的叠加,对于师生造成应试压力,呈现在师生交往之中。

(二)学校因循传统,管理模式略显僵化

从管理层面来看,师生交往难以真正促进学生的成长,原因很大程度在于学校这一外部力量对于学校场域内的师生交往规定过多,更多是让师生的交往围绕既定的知识系统进行,且有相对成熟的考试评价体系,此外,对于学生,一些学校期望的是能够安全送到毕业,对于其他方面的要求并不是很多,例如ZH4-F老师说:"我的目的就是把他们教会,然后还要告诉他们要注意安全,然后就是让他们顺利毕业了。这也是学校对于我们的要求。"从班主任的说法中,老师在社会的要求之下,保障学生的安全,将其顺利送到毕业,这体现了他们将与学生的交往视为一种工具。学校作为管理者,他们需要在外与社会对接,在内与师生对接,更多的是与教师对接,因此,当学校层面由于受到社会的要求,同时一些学校为了方便起见,就不改变以往的方式,在学校中,对于教师规定很多,将师生困于一定的框架之中,教师和学生的个性都不能够得以发展。而且学校会制定一定的评价体系,用制度化的东西将教师和学生固于其中,因此学校在师生交往产生问题的过程中扮演的是一个上传下达的固化传话筒的角色,管理模式略显僵化。

(三)教师观念固化,转变有待时日

受到传统教学观念的影响,且传统教学方法现如今由于考试评价方式的存在依然具有很大的市场,因此在很多教育实践中,教师更多扮演的还是主导者的角色,师生之间的交往基本都是由教师来掌控的,无论是课堂内的交往还是课堂外的交往,基本都是由教师来决定,学生更多是服从的角色。下述与教师的访谈能够表明教师依旧是师生交往中的主导角色,且受到以往教学观念的影响。

ZH4-F老师:那时候我可能胆子比较小,老师叫我一下名字,我都觉得害怕,总想着老师千万不要来找自己。我那时候就像是边上的一只鸵鸟一样,想着好事坏事都不要来找我。主要原因其实就是对老师的畏惧。因为那时候觉得老师很权威,老师说一就是一,说二就是二的,现在的话自己当了老师,因为那时候受的影响比较深刻,所以觉得老师说的话好像不允许学生去反驳,因此我做班主任,讲话很直白的,你(学生)该怎么样不该怎么样,学生做到就可以了,其他方面我都是不管的,所以孩子们见到我会有种畏惧感。

教师受教育的经历会成为他教学的经验来源之一,且对教师的影响较深,这不仅会影响到成为教师的他们自己,同时对于现在作为他们学生的孩子影响也极大。在短时间内,教师发生转变较为困难,但是教师在意识到问题之后有意识去改变,长此以往,转变依旧是可以期待的。

(四)学生习惯跟从,平等交往尚需适应

由于学生对教师权威的惧怕,且碍于身份、年龄和学识的差异,他们不会轻易打破这种差异与距离,主动发起对话。且由于学生的差异性,部分学生性格内向不擅交往,以及现在孩子多为独生子女,与同伴交往尚且不擅长,在与老师交往方面更为不擅长,从而影响到师生交往的效果。

作为交往过程中的另外一方,学生也存在一定的问题,当然这可能是

由于外部因素造成的,但是学生作为能动体,应该对自己也进行反思,尝试去改变现状,但是现实中看到的学生受到传统教学的影响,习惯于跟随教师的脚步,多是唯唯诺诺,不敢发出自己的声音,进而让自己失去说话的权利,在师生交往的天平中处于弱势的地位。

整体来看,在师生交往的过程中,不同的角色使得不同的对象做着不同的事情,角色赋予他们职能,但是在角色扮演的过程中,这些在一定程度上成了师生交往的阻力,但同时也能够看到教师和学生都开始逐渐意识到问题的存在,只是现实中存在一些阻力使得改变较为缓慢。

三、理念转变可以为师生交往带来的改变

基于上一节对教学关系(教学理念)变迁过程的分析,顺着历史发展的脉络,不难看出教学关系在发展的过程中,一直在"教"与"学"之间徘徊,因为社会的变迁、理论的发展、需求的变化等各种因素,会在不同的时期而去偏重一方,在满足一定需求的过程中,也会产生一些不利的影响。从整体趋势来看,"为学而教"理念的产生预示着"教"和"学"在不断走向融合,而非以某一方为中心,这种走向也符合我国的中庸传统。

在"教""学"融合的过程中,作为相对应的主体,教师和学生之间的关系也在慢慢发生变化,具体体现在师生的交往之中。在前文分析了现实中师生交往存在的问题,并分析了其背后的原因。可以看出师生交往产生问题的根源与教学关系的发展息息相关,教学关系的研究蕴含着教学理念的变迁,而教学理念作为指导性的存在,会对现实师生交往产生一系列影响。那么,理念的转变可以为师生交往带来哪些转变呢?理念又为何可以为师生交往带来转变?

第一,教学关系背后暗含交往关系,教学关系讲的是"教"和"学"的关系,而"教"和"学"行为的承担者分别是教师和学生,因此,教学变迁必然会引起师生行为发生变化,而交往作为师生活动中最为重要的存在,也会受到影响。"为学而教"打破了师生之间的二元对立关系,在师生交往中,可以依据其原则建立平等、自由、宽松的交往氛围,促使交往发生转变。

第二,教学关系与主体关系并存于教育活动之中,二者息息相关,师生交往从广泛意义上来看,包含教育活动中的点点滴滴,因此会有研究者认为教学是蕴含于交往之中的。当然,也有研究者认为教学本来就是一种交

往活动。无论从何种意义来看,师生交往都与教学之间密不可分,且在本书的界定中,课堂教学的确是师生交往的构成部分。因此,"为学而教"让教学进入师生互动的氛围之中,在教和学共生的过程中,师生交往也朝着良性发展。

第三,"为学而教"指向交往教学。在研究教学关系的过程中,"教"和"学"逐渐走向融通,有研究者提出了出交往性教学。交往教学理论思想是20世纪70年代,联邦德国的K.沙勒与K.H.舍费尔首先提出的,其理论基础是正确处理教学中的师生关系。[①]杜安立提出在这种理论下建构的师生关系应当渗透着教育情感和人文关怀;师生在心理相融、行为互动的交往中实现教育教学目的的完成和师生互惠、教学相长。[②]德国的交往教学论学派以交往理论为基础,对教与学的关系做出了一种全新的解释,提出合理的交往原则[③]:首先,教师和学生是平等的,没有人拥有特权,他们都不具备支配他人的权力;其次,在教学活动中,我们要承认师生存在的差别,由于年龄的差距,他们在知识和能力方面,以及社会地位方面,教师都是优于学生的,因此学生需要通过不断提高自己,使自己不断成长,能力不断发展,这个过程是对自己的解放。交往教学论对于教与学关系的认识有很多独特之处:①把教学活动定位于教与学之间的一种平等、民主的交往过程,是一种"主体—主体"关系,更有利于提升学生在教学过程中的地位和作用;②在强调师生之间平等、合作、自由的同时,依然肯定教师的作用和职责,认为教师在交往过程中,应积极引导学生在经验、知识、理解等方面有所提高,最终达到"解放"的教学目标,较好地实现了教与学的辩证统一。可以看出教学理念与师生交往理论之间联系的密切性,教学和交往亦可以达到融合。"为学而教"为师生交往提供了一个新的思路,旨在消除教育中长久以来的"中心论"的偏向性,"为学而教"不再强调哪一方为中心,而是共同为学习活动服务,这对于师生交往中的交往主体不平等、交往内容重知轻情、交往方式单一与单向、交往效果虚假等现象会产生一定的冲击。那么在这种理念之下,师生的交往呈现怎样的状态,具有什么样的特征?

---

①杨兴文. 课改背景下"交往教学论"对化学课堂教学的启示[J]. 新课程研究(教师教育),2008(09):71-72.
②杜安立. 交往教学理论下的新型师生关系分析[J]. 教育与职业,2007(23):103-104.
③李代勤. 任务驱动教学模式的探讨[D]. 长沙:湖南农业大学,2009:20-21.

第三节 整体育人理念下的师生交往特征

在分析了师生交往实践中的问题之后,笔者发现现实中的师生交往经常呈现出一种虚假的特点,师生之间尽管有语言、动作、心理等方面的互动,但多是在教师主导之下进行的师生交往。从"中心论"走向"为学而教"经过了一个漫长的过程,"中心论"下的师生交往留下时代的烙印,使得师生交往中的问题依旧存在,但新的教学理念会对现实产生一系列影响。如前分析所述,"为学而教"在"中心论"受到质疑,"教""学"开始融合的时候应运而生。它打破了二元对立,走向交往教学,在教学探索的过程中注重师生互动共生,"教"与"学"共存。笔者基于个案班级中师生交往的现实,结合收集到的材料,分析"为学而教"理念下的师生交往特征,主要围绕交往目的、交往主体、交往方式、交往内容和交往效果五个方面进行分析。

一、交往目的

(一)因协商而达成共识

哈贝马斯强调,在师生交往中要注重协商,并指出商谈是建构师生关系的重要手段,其"核心是自由与自觉"。[1]在商谈原则中,话语原则尤为重要,并提出了三个要求:一是师生要对交往充满渴望。教师不能强迫学生听取他人意见,不能逼迫他们做不愿意做的事情,充分肯定学生的主体性;二是师生的语言应具有包容性,教师要尊重学生的话语权;三是利益是师生交往关系关注的重要层面,协调师生利益,双方不得损害对方的利益。也有研究者认为,在此过程中充满着交往双方的沟通、学生要积极听取教师意见,师生中任何人都不能被排斥在协商话语之外,以确保师生清楚了解协商话语。在交往目的层面,"为学而教"强调"学"和"教"的两个方面,而在这样的过程中,因为协商,师生对交往的目的逐渐达成共识,而在这样的过程中,教师和学生都拥有话语权,没有一方处于失声的状态。且达成的目的不仅仅是为一方而去服务,双方都认可这种目的,愿意为之

---
[1]段奇.交往理性视域下的师生交往研究[D].太原:山西大学,2021:23-24.

而去努力。

(二)因包容而显多元

在"为学而教"理念的导向之下,关注的不仅是教的理论,还有学的理论,追求交互融合,彼此包容。其目的也不仅仅是将一堂课上好,更多指向的是学生的学习,不再聚焦于考试本身,而是立足于成长的方方面面。在知识领域(系统的学习)中,需要学生获得相应的知识,而知识的学习是为了学生的生活。在各方的包容之下,师生之间交往的目的开始多样,因为不同的人群有着不同的需求,对进入学校场域中有着不同的期待,因此目的也具有多元性。

1.知识不是唯一目的

苏霍姆林斯基说:"请你努力做到,使学生的知识不要成为最终目的,而要成为手段;不要让知识变成不动的、死的行装,而要使它们在学生的脑力劳动中,在集体的精神生活中,在学生的相互关系中,在精神财富交流的、生动的、不断的过程中活起来[1]。"学生的天职是学习,而不是无条件地输入知识。

据笔者了解,当下学生多为独生子女,进入学校之中,学生认为有小伙伴可以一起玩,有不懂的地方可以和老师交流,而并非只是围绕着知识进行校园生活,学生会基于自己不同的需求与教师进行沟通交流。在学校场域之中,学生不仅仅希望能够获得知识,更希望获得陪伴,并在陪伴中收获成长。

2.学生成长受到关注

在如今的教育体系中,评价体系依然是考试为主,但聚焦于具体的人与人之间的交往,笔者发现一切都是灵活的。从不同的学科出发,老师们会有自己的见解。知识领域依然是十分重要的,如各种学科的基础知识学习;同时,学生的习惯、礼仪、价值观等都在形成阶段,因此对他们来说,这些方面的养成十分重要,教师在与之交往的时候较为重视;此外,学生的兴趣、自信心和学科的人文性方面的培养也是在教学关系之下的师生交往中需要关注的目的,且基于每个学科的不同,不同的老师们会做出相应的目标调整。可见学生各方面的成长都在受到关注。

---

[1]程功群,牛蒙刚.中国教育史[M].南京:南京大学出版社,2021:100-101.

(三)因内需而更主动

"为学而教"强调"学"的目的性,但是这个学包含了学生主动的学,因此学生具有主动性,其交往的目的不再是被动的,而是因自身需要而主动发起,不再只是家长、老师与社会赋予的。[1]在笔者与学生交谈的过程中,多数学生表示会在课上尽量与老师达成对话,且在课外的时候也会主动找老师进行攀谈,而攀谈的内容不一,有时是因为自己遇到了一些好玩的事情想要和老师分享,有时是一些题目百思不得其解想要找老师问清楚,也或者有的时候只是想要和老师聊天而已。学生和教师会基于自己不同的需求而进行沟通交流,在访谈中也多有体现。

W3-Y5-F:就比如说我这个人吧,有的时候可能会挺主动的,因为我的数学比较差,所以就会主动问老师一些问题。另外因为喜欢英语,因此就会喜欢在课堂上多"秀"一下,就会多多发言之类的,多和老师进行互动。

W3-J7-F:因为我觉得老师有时候和我们想法是不同的,我们会向老师请教之类的,跟老师聊天会让我得到不一样的东西。

S5-F老师:孩子也会找我们聊天,聊天内容很广泛,包括同学关系、父母、朋友等等。通过这种方式我们彼此之间都能够加深了解。当然,我们有时候没事也会过去和他们聊一聊。

ZH4-F老师:孩子们下课都会来抱抱你、亲亲你,有时候对我们的信任都超乎想象,他们恨不得把所有的小秘密都告诉你,也正是因为这种熟悉度,所以我带的孩子现在在上课的时候一个眼神,他们就知道要干吗。

从笔者访谈和观察的内容分析,学生和教师在师生交往方面都会比较积极主动,作为教师,无论是否是班主任,他们都会将大部分的时间放在班级里面,有时候一个课间的时间会同时有好几个老师在班级中,会围绕学生的学习内容与他们进行沟通,也会因为一些生活中的事件去找学生。而学生的主动性主要体现在不再害怕老师,会主动去拥抱老师、与老师聊天等。这些使得师生交往的目的更加纯粹化与人性化,基于交往的双方,而不是由外界施加的压力。通过这种交往,学生能够表达自我,从老师那里学到知识,与老师的关系更亲近;对于教师来说,不仅有助于自己情感的表达,而且对于班级孩子的管理通过这种方式更加行之有效。

---

[1]代斌.交往理性视域下师生关系的审视与构建[D].曲阜:曲阜师范大学,2021:30-31.

二、交往主体

（一）交往主体地位平等

1.孩子不再那么"乖"了

作为师生交往中的主体之一，学生曾经扮演的角色更多是被动接受者，这使得教学成了教师的事情，而学生不具备主动性，因此使得交往的教育性大大降低。而在现实当中，走入学校场域之中，笔者发现学生发生了很大的变化。

黑柳彻子在《窗边的小豆豆》一书中写到，小豆豆因为淘气被学校退学之后来到巴学园中，在小林校长的爱护和引导下逐渐成为一个大家都接受且很可爱的孩子，这所学校中的教师，亲切、随和，就如同是学生的朋友一样，校长也是如此。师生关系影响教师与学生教与学的积极性，影响课堂教学气氛，影响教学信息的传输，影响学生学业成绩和个性社会化的发展。[1]良好的师生关系是促进学生愉快地学习和减少学生问题行为的关键因素。而在这种没有等级的师生交往之中，学生可以自由地向老师倾诉，而不是处于畏惧的情绪之中。

在克服了对于教师的畏惧之后，学生们会主动与教师亲近，而具体的表现就是对老师的称呼的改变、与老师相处时的肢体动作、课堂上的语言与动作行为等。对教师称呼的改变，意味着在学生的心中，老师就如同自己的朋友一样，每个人都拥有一个昵称，就如同孩子们经常提到的"敏敏、玲玲、玥玥"，这让学生从内心深处开始认可自己的主体性地位，将自己立于和老师平等的地位之上。其后，他们会根据自己想法提出自己的见解，如在课堂上提出质疑等，敢于做一个主动发声的人。

2.老师也要每天"自我更新"

这是一个知识不断更新的时代，这是一个需要终身学习的时代，作为交往主体另外一方的教师更是如此，在笔者走进x小学时，发现教师们围在一起探讨课程、探讨学生、与学生一起"玩"课程等等。他们每天也都在学习，在更新自己的知识。

从老师反映的情况中能够看到老师其实开始意识到学生的主动性，自己知识的匮乏性，认识到他们也需要学习，需要不断更新自己的知识，甚

---
[1]黑柳彻子,岩崎千弘图.窗边的小豆豆[M].赵玉皎,译.海口:南海出版公司,2018：77-78.

至他们会觉得学生也可以成为他们的老师。且在变化之中,教师也遇到了许多的挑战,如时间上不足、班额大、临场把控问题等等。

3.交往规则依然重要

追求师生平等的过程中,并不是毫无秩序,也并非教师完全要听学生的,平等并不意味着相等。因此"为学而教"理念下的师生交往需要交往规则的制定。主要表现在教师要有教学规范性,学生要有规则意识。在规范的前提之下,交往才能够有序进行。在师生交往中,师生之间要共同建立和维护课堂教学中的"游戏规则",以维护正常的教学秩序,保证教学任务的完成,提高交往的价值,也要珍视学生的表现欲望、交往动机和成就动机,保证交往的机会和自由度,保护他们参与交往的积极性。师生交往的定位:教师对学生,尊重而不放纵,放手而不撒手;学生对教师,听从但不盲从,平等但不放肆。

没有规矩,不成方圆。规则的存在是为了更好地达到"为学而教"。师生在交往的过程中,教师需要有规则意识,在课堂之上一些规范性的操作会让学生在耳濡目染中受到影响,而对于学生来说,在小学阶段规则的养成意识十分重要,在心智方面的成熟程度决定其需要一定的规则约束。

(二)交往主体角色多重

在传统的教学中,教师扮演的是权威的角色,在学生、社会和家长的认知中,教师无所不能,无所不会,因此也常有"没有教不会的学生,只有不会教的老师""教师像蜡烛一样,燃烧自己,照亮别人""春蚕到死丝方尽,蜡炬成灰泪始干"等关于老师的论断,或是赞美,或是要求,但是从这些论断看来,忽略了教师作为"人"的根本属性。而对于学生而言,他们一直被认为是学习的"机器",而进入学校就是为了履行这一职责。而"为学而教"的师生交往要求人们重新认识交往主体,从多个层面认识他们的不同,在交往中,主体角色多样。

(三)交往主体思维开阔

作为交往主体,以往学生对于自己的认识不够全面,进入学校场域之中,会认为自己只有学习这一件事情可以做,其他的都不重要;教师会认为自己完成教学任务即可,其他事也无关紧要。在这种情况下,师生都陷入了思维定式的怪圈,眼界不够开阔。交往强调双方的互动作用,在互相理解的基础上,他们的思维会更开阔,看事情的角度以及思考问题的角度更为多元。

三、交往内容

（一）内容载体多样

师生交往的过程中，在载体方面，主要是由课程和活动两部分组成，而这两部分并不是完全割裂的，而是相辅相成，互相成就的。

1.课程载体

在师生交往的过程中，课程作为师生交往的载体，其改变会在很大程度上决定师生交往的内容。

在笔者观察的x学校中，经过评估之后，采取跟踪案例的方法，发现每个孩子都是不一样的生命，将所有孩子都放在一个教室，对不同的生命个体赋予了相同的标准，打破了生命的完整性，没有人将孩子当作一个完整的人在看待，而我们所需要的就是创造一个完整的人学习生活的地方。因此学校在课程方面率先进行改革，在低年级阶段，是主题课程，包括三部分内容，其一是了解儿童经验，儿童情感需求，认知特点和生活经验；其二是学科融合，通过合理的结构搭配，改变现有的教和学；其三是主题式学习，教学内容不再以语文、数学、英语、美术等学科概念出现，而是以主题出现。在中年级阶段（三、四年级），WIDE（智慧、创造、深度、体验课程，也称为广域课程，包括戏剧、科学、儿童哲学、艺术创想四个方面）。在高年级段，为模块课程旨在实现一种可以走动的学习机制，让学生能够遵从自己的内心，有选择的空间。主要包括科学、音乐、体育、阅读的课程设置中，一、二年级在玩中成长，三、四年级开始逐渐与课程衔接，打开不同领域的通道，为孩子找到一个点，五年级开始反哺学科课程。正是因为课程的不同，课程的多样性和个性化，为师生之间的交往带来了多样的载体。

（1）不一样的公开课

提起公开课，许多老师和学生都会觉得苦不堪言，主要是由于公开课具有不常规性，且具有表演性质。但是在笔者学习的这堂公开课上，学生侃侃而谈，与我们想象的差异较大，学生喜欢这样的公开课，公开课是他们呈现自己学习成果的一种手段，而在这个过程中，他们习得的不是一种线性的知识，而是多种学科的综合，且在时间上是具有连贯性的，贯穿于学生的知识体系与成长过程之中。

(2)别样的毕业课程

小学六年级处在小学阶段的最后一站,他们将要告别一段旅程,开启下一段学习的时光,而在这个转折阶段,如何度过这一年的时光显得十分重要,因此学校为毕业生安排了毕业课程。

所谓毕业课程并没有一套具体的书籍,具体的流程等,每一年老师会根据学生的不同而采取不同的方式,会根据学生中出现的一些问题及时调整。而在这个过程中,教师与学生都是参与的主体,由于戏剧课程的加入,在"盛大"的毕业仪式上,学生们用表演的方式将学校中上的课、与老师之间发生的故事、自己成长的小故事等等搬上了舞台。从一年级进入学校时的懵懂无知状态到五年级阳光快乐的他们,一张张照片能够看出他们生理的变化,而语言的表达则能够看出他们内心的成长轨迹。

2.活动载体

(1)快乐活动日

快乐活动日是学校每周五下午留给学生的时间,在这段时间中,他们可以选择自己喜欢的课程、模块去学习。如有的小朋友喜欢戏剧课,有的喜欢设计课,有的喜欢绘画课,等等,学校可以满足家庭中无法满足的学生对于艺术的需求。笔者在参与到他们的快乐活动日的过程中无意间走进了缝纫小课堂(服装设计课),在观看的时候发现了让自己惊讶的作品:一件用黑色羽毛制作的礼服,让笔者瞬间想起了黑天鹅那种高贵的气质。

当教师充分尊重学生的想法,而不是按照成人的思维去思考问题时,学生会迸发出更大的创造力。但是做到学生有需求时才伸出援手十分困难,成年人的世界讲究高效与迅速,他们看不惯孩子的"慢",于是他们喜欢去主动去"帮助"孩子,但孩子并不一定是需要帮助的,在这样帮助的过程中,孩子会慢慢失去主动性,失去探索的意味。而在案例学校中,有这样一群老师,他们在与孩子相处的过程中,会去思考孩子是怎么想的,会愿意停下来等一等孩子,认真倾听他们的想法。

(2)学农活动

学农活动是现在学校中基本都会安排的活动,尤其是处在城市中的学校,学生对于农业方面的了解较少,参与的体力劳动也较少,学农的活动旨在让学生通过这样的活动体会劳动的意义,促进学生的成长。

从老师们反馈的情况来看,学农活动不仅让孩子们的笑脸更加灿烂,也让师生交往更进一步。

(二)资源内涵丰富

在师生交往的内容方面,涉及的领域不是单一的,而是多元的,主要包括知识领域和生活领域,而在每一个领域中,其内涵领域格外丰富。

1.知识领域

在师生交往的内容方面,知识领域的交往依然十分重要,在知识大爆炸的社会,学校中系统的知识是由万千教育工作者共同努力筛选出来的,且教育界的知识系统也是在不断更新的,对于学生的成长方面依然具有不可忽视的作用,在知识学习的背后是学生能力的培养。

在课堂之上,甚至是课下,学生的知识学习都应该是受到老师关注的,而许多习惯的养成也是为了知识学习在服务,在教师的潜意识之中,知识的学习对于学生的成长发挥着较大的作用,小学阶段的学习与初中的学习具有衔接性,在师生交往的过程中,老师也不会离开知识学习很久,否则就会被认为"扯远了"。

2.生活领域

哈贝马斯认为,交往行为始终依赖"生活世界"。[1]发生在学校的生活领域中的师生交往会对师生带来更多的影响。一个十分吵闹的班级可以因为老师在休息而发出的声音像猫一样,这是他们反馈给老师的爱,也是教师与学生良性交往关系的体现;处在小学高年级阶段的孩子容易受到各方面的影响,会因为一些挫折而在心灵上受到打击,会因为心智不是特别成熟地"欣赏"而耽误了学习,在这个时候,教师在他们的生活中占据着重要的角色,或是朋友、或是长者、或是心理治疗师等等;由于学生们见过的世界并不是那么大,在思想上并不成熟,他们很容易陷入思维怪圈中,但是如果在师生交往中,他们信任老师,老师可以为他们提供帮助,对于孩子的成长无疑是有利的。

(三)内容领域融通

在具体的交往内容领域,领域之间并非完全割裂的,而是彼此之间呈现融通状态。就如同我们的学习与生活无法完全分开,对于知识的学习,从生活中能够获得,而在校园中所获得的知识也是为了生活,从一定意义

---

[1]哈贝马斯,陶东风.阿伦特的交往权力概念[J].文化研究,2016(03):180-188.

上来讲,交往的领域之间本就应该是融通的,但在"中心论"的影响下,"教"和"学"发生了分离,师生的思维偏向二元对立的思维,习惯于将交往内容割裂开来,但从关系的角度来讲,任何内容都是息息相关的,生活的领域之间也是交互、共通的。"为学而教"强调服务者和服务对象的关系,二者拥有在目的方面的共识。因此,在交往内容方面,也能够看到其领域融通的特征。

四、交往方式

(一)分层次交往,注重差异性

分层次多表现在围绕知识进行的交往中,如在学生预习、课堂提问、作业布置、作业评价等方面,根据学生的差异而进行不同层次的交往。孔子讲因材施教,在交往中也是如此,面对不同的学生,面对学生层次的不同,教师需要根据其差异性进行交往,而教师也是一样,每个教师都有自己的风格,教师也需要根据自己风格的不同在交往中进行适当的改变。

在实践领域之中,孩子是各种各样、充满差异的个体,而教师也是独特的个体存在,每位老师会依据学生和自己的差异进而采取合适的方式保证不同层次的交往,以促进学生的成长。

(二)分区域交往,深化师生交往

场域的不同会使得师生之间碰撞出不同的火花,场域会塑造人的角色,就如同站在讲台之上,你就是老师;在手术室中,你就是医生;在新闻现场你就是记者……但是当场域发生变化,人的角色会发生改变,同时心态也会发生转变。在班级之中,教师对于学生来讲是教师角色的存在,但是离开教室,学生可以和教师成为朋友。在不同角色的变换之中,师生之间的交往会更进一步深化。

(三)分策略交往,打开学生思维

在师生交往的过程中,会出现各种各样的问题,也会遇见各种不同的情况,在这样的过程中,教师需要根据不同情况采取不同的策略。大问题是哲学思维中所提倡的,类似于现在的主题式教学,一个大的问题被提出来之后,可以引发学生思维的打开,进而全面地思考问题。

面对不同的班级、不同的个体、不同的状况,教师会在具体的情境中做出自己的判断,进而采取不同的策略,如学生主动性不是很强的时候,教

师会采取鼓励以及同伴鼓励的方式,学生在表达不是十分清楚的时候,教师会选择面对面进行交流。

五、交往效果

(一)学生在主体性增强中获得真正成长

学生在主体性的各方面增强以后,心理层面不仅会获得其他方面的发展,还会获得学习方面的发展,这本身就是一个良性循环。在交往目的、主体、内容、方式发生变化之后,学生不仅在生活领域受到了关注,同时在生活领域收到了成长反馈,在知识领域也得到了好的结果。

(二)教师在研究与学习中成长

教师在以往的教学中更关注的是教的学问,教的艺术,希望学生能够获得成长。在"为学而教"的理念之下,教师开始关注学生的学习以及自己在教学中获得的成长。

在师生交往中,强调师生间、学生间的动态信息交流,这些信息包括知识、情感、态度、需要、兴趣、价值观、生活经验、行为规范等等。通过这种广泛的信息交流实现师生互动、相互沟通、相互影响,彼此形成一个真正的"学习共同体"。在"学习共同体"的影响之下,教师和学生是同时在进步和成长的。在这个过程中,教师既是在学习,同时也是在研究,这也是新时代对于教师的新的要求与期待。

(三)良性师生交往文化形成

文化这一概念伴随着人类的出现而产生,它是一定民族经过长期的物质和实践活动积累起来的为民族所共同认同的活动方式及其产生的物质成果和非物质成果,包括民族心理和价值观念的总和。在"为学而教"的理念之下,师生之间的交往打破了以往的那种严肃、固化、单一的文化氛围,在交往目的、主体、内容和方式发生转变的过程中,良性的交往文化逐渐形成。

第四节 整体育人理念下的师生交往策略

本书基于当前学校场域中师生交往现状,深入分析"为学而教"理念变迁过程中师生交往呈现的样态,既展现了师生交往中存在的问题与原因,同时也深入分析了"为学而教"理念下师生交往的特征,由此揭示了"为学而教"在师生交往中的必要性。回归到学校场域之中,教学关系的发展一直呈现钟摆现象,整体发展是曲折的,至今在不断地探索之中。在笔者观察的过程中也发现,即使在上海这样教育发展较为前沿的城市中,由于教育的复杂性,且面对班级中不同的生命个体,无论是教师的表现还是学生的表现,在一定程度上都并不能够达到完全的"为学而教"境界。历来教学的发展都是一个曲折的过程,不会一蹴而就,师生交往亦是如此。"为学而教"的师生交往既是一种应然的状态,同时也是一种实然的状态。在本书中,笔者基于"为学而教"相关理念,结合已有案例及研究资料,尝试为教师提供可借鉴的师生交往策略。

一、立足学习力:把握师生交往的起点

在教学的过程中,教师有时候不知道该如何把握教与学的度,因此,在师生交往中会有些无所适从,但其实作为教师,关注学习力是基础。从现代科技发展的过程来看,教育中也充满了不确定性,无论是在现在的社会还是未来的社会,学习力是一种很重要的能力,孩子在中小学阶段在教师的引导过程中如果能够掌握这种能力,对于其未来的发展是十分重要的。在2019年的秋季招聘之中,深圳屡次成为大众关注的焦点,重点在于其中小学招聘的教师多为重点高校的高端人才,包括硕士研究生和博士研究生等。作为教师,专业性要求本应该很高,但是在招聘中,却并未提及该方面的要求。许多人,尤其是教育领域的人们都会发出疑问:"无专业能够教好吗?"在与一位校长的沟通中,笔者似乎得到了答案,他说:"任何内容都是可以学习的,选择高层次人才,我们看重的不是他们的专业能力,而是学习能力。他们具有较强的学习力,进入中小学,学校会安排培训,基本一年左右的时间他们就能够掌握教学所需技能,当有技能傍身,坚持继续学习,那无论对于他们自己还是学生都是极具益处的。我们已经坚持这样做很久了。"笔者恍然大悟,由此可见,不仅仅是未来,现在学习能力的重要性已经可见一斑了。因此,在师生交往过程中,需要立足于学习力。

学习力自1965年随着学习型组织的提出缘起于管理领域,后被迁移到教育领域,主要研究教学中如何构建学习者的学习力以促使其有效终身学习。"学习力"的最初构想源自美国麻省理工管理学院教授Jay Forrester及其学生Peter M. Senge的"学习型组织"的研究,他们指出了学习力对于组织管理的非凡价值:一个具有学习能力的学习型组织像具有生命的机体,总能灵活伸展,轮转向前。[①]此后,相关研究迅速呈现直线增长态势,包括学习型组织以及学习力等。自20世纪80年代,学习力研究开始在教育领域兴起,主要关注影响师生学习力的因素,并据此施加干预,以此促进学生学会学习。可见学习力的作用是触动生命的发展,结合一定的技巧,促进学生主动性的发展。

关于学习力的培养,对于学生来说,在师生交往的过程中,学习的技巧、学习的方法、时间管理、记忆方法、阅读力、记笔记的方法、激升写作力、应对考试等多个方面都需要进行提升。同时教师需要研究促进学生学习的课堂教学方法,以帮助学习者成为见识广、目的强、更智慧、有主见的学习者,为达到这样的目的,需要塑造健康的学习关系、进行对话学习、提供一个学习的榜样、对学习过程进行反思、评估学习、提供挑战和机遇、创造一个有刺激作用的学习环境等。对于学生学习力的培养,首先要认识到学习力的重要性。

而现实情况更多的却是教师、家长和学生本身可能对于"学习力"的概念不了解,但是他们在潜意识中会关注学习力的发展,同时他们也知道学习力对于个人而言的重要性。学习力愈发受到重视,且成为学生的核心竞争力。无论是终身学习的提出,还是学习型社会的提出都要求人们要立足于学习,不断学习,等等。尤其是随着技术的发展,社会的变化越来越大,一些新型知识的产生要求人们不断进行学习,才能够更好地立于社会之中,才能够为自己进一步的发展打下基础。对于学习力的关注可以让学生意识到自己的独立性和主动性,同时让教师意识到师生都需要不断进步,这是他们在交往过程中的基础。

---

① 周伟广. 学生学习力研究的文献综述[J]. 文理导航(下旬),2018(02):88-89.

在师生交往的过程中,教师需要排除"中心论"的影响,把注意力从对个人的关注转移到学习上。从浅层次来看,在师生交往中,学习的主体是学生,教的主体是教师。但教师在教的过程中也是学习者,如果能够把教的行为转化成一个学习的过程,那么师生的交往活动就变成了师生共同学习的过程,学习则成了促进个人成长的过程。因此,关注学习力,教师和学生的目标达成了一致性,就能够更深、更好地进行师生交往。

二、营造氛围:建构师生交往的适宜环境

教学环境是促进师生健康交往的土壤。研究者们也十分关注师生交往的环境,如罗杰斯倾向于自我概念的发展、人际关系的训练和情感等内容的研究,强调对他人的关心、尊重和自我实现,倡导真诚、理解、无条件积极关注的和谐师生交往氛围,并指出教学成败取决于师生关系,因此应给学生一个心理自由和安全的环境。[1]在传统的师生关系里,十分缺乏民主、平等、和谐氛围。在由双方都须参与的双向互动的教学活动中,最能体现师生关系的特质。现代教育观念强调建立平等、尊重、信任的积极关系,这既是基础教育改革取得成功的重要保证,也是促进儿童健康发展的必要条件。日本广岛大学教授片冈雄把课堂氛围分为三种:支持型的课堂氛围是积极的课堂氛围,防卫和反抗型则属于消极的课堂氛围。[2]从研究者的分析中可以看出营造安全、自由的环境更有助于师生交往的进行,同时这也是传统和现代教育观念的差异之一,良好氛围的营造是现代教学的追求。除却理论研究,在现实笔者观察的学校中,亦有体现。

班级氛围对师生关系、师生交往方式、学生性格等都会产生影响。较为平等、宽松的氛围更有助于学生主动性的表现,也有助于师生之间拉近距离,且无论教师还是学生,都十分珍视这种氛围下的师生交往。营造这样的氛围需要教师转换角色,与教师性格也十分相关,因此教师需要首先意识到营造氛围的重要性,然后在前者的基础上进行进一步交往。新课程改革呼唤我们,从生态化的角度出发,认真创设教学情境,智慧营造有利于学生发展的空间,"为学而教",努力使课堂成为学生学习的可持续发展场所。在如何营造氛围方面,教师可以运用其幽默的语言、适度的神态动作等为班级营造出一种和谐、轻松而又不失严谨的氛围,在这样的氛围之

---

[1] 罗杰斯."为学而教"理念下的师生交往研究[D].上海:华东师范大学,2020:17-18.
[2] 片冈雄.课堂师生交往及其策略研究[D].上海:华东师范大学,2003:15-16.

中,学生敢于发声,但是又不过于松散无目的。

三、平等对话:以师生良性交往优化教学关系

关系思维是对主客思维的一种超越,在这种思维之下,教师、学生、知识,都不再是一个个独立、封闭的个体,他们在开放而又宽松的情境中进行着对话、沟通和交往,彼此发生着各种各样的关系。在教育中的元素包括教育者、受教育者、教育中介三个部分。而在对话中,首先是学生与文本的对话。其次,是教师与文本的对话,教师不再只是按照"图纸"施工。在对话教学中,教材的权威性被消除了,不再是掌握在教师手中不能质疑的权威,而是变成了"材料",为教师和学生服务,如此,教师和学生分别赋予了教材生命。最后,是教师与学生的对话,对话让师生趋于平等,二者是一种"我—你"的关系,是一种"我们"的存在,"我们"是平等的,是对权力的一种消解。教育本身的工作之一就是使人成为他自己,教育中的对话是民主精神的彰显,也是对学生民主能力的一种培养。作为教育者的教师,在教育学生的同时也要接受教育,通过了解学生的思想、心理发展、知识结构等情况,随时调整自己的教学内容和教学方法,实则也是接受教育的过程;作为学生,在接受教育的过程中也可以发表自己的见解,塑造自身知识系统的同时输出自己的观点。对话式教学是生成性的教学,同时向"生活"和"生命"开放。我国近代教育家陶行知、苏联的教育家赞可夫等人均主张生活教育,他们无一例外地将视线停留于学生身上,减少了对教师的关怀。因此,弗莱雷主张以"反思与行动"为精髓展开师生对话,通过对话,再也不存在谁教育谁的问题,而是相互教育、共同反思和行动。[①]总之,对话是使学生成为具有真正完美、丰富人性的人的先决条件,是一种创造性行为,需要爱的倾注、谦虚的态度、对人的信任、充满希望以及批判性思维。有学者从关系的角度出发,提出对话时代的到来,指出人类的教育主要经历了知识教育、个性教育和融合教育三个阶段,但由于受主体思维的影响,教学中的各要素往往处于机械对立的局面。对话时代的到来,人们的思维方式开始向关系思维发展,对话作为一种新的教学精神,倡导新的知识观、课程观、师生观。

平等对话让师生之间的交往更加自由、轻松、有效率,呈现出一种良性

---

① 弗莱雷. 论教育学的科学性[D]. 长春:东北师范大学,2021:18-19.

的师生交往。教师认识到学生的独特性,学生具有的特点,每个学生具有的独特的思想,打破了师生交往中的教师独白、学生失语状态。学生认识到自己的主动性和局限性,在交往中积极而谦虚地与教师进行沟通。在这样的过程中,师生都要重新认识自我,通过这种良性的师生交往进而让教学关系得到优化。从"中心论"到"为学而教",讨论的是教学关系的变迁,而教学关系与教育中的主体息息相关,主体关系的变化对于教学关系会产生不同的影响。[1]当师生之间的交往呈现和谐、平等等特征时,在教学中也能看到教育并不是仅仅重视教或者学,而是在追求一种融通性。

四、关注情感:搭建师生心灵沟通的桥梁

教育的最终目的不是单纯地传授知识,而是要把人的创造力量诱导出来,将生命感、价值感唤醒,教育对人的最根本作用是唤醒沉睡的意识或心灵。教育、交往与情感是密不可分的,正如柏拉图在《理想国》中所言,向一个人的灵魂中灌输真理,就如给一个天生的瞎子以视力一样,是不可能的。没有情感的参与与碰撞,师生双方不可能实现真正深刻的交往沟通。[2]

历史上有许多哲学家、教育家对情感与交往的关系进行了探索。休谟用"共感"敲启了交往的情感交流之门,他认为"共感"既是认识上的沟通,又是情感上的交流,是人类灵魂的交感。[3]人如果不借助"共感",就不能按照自己的观点来考虑他人;没有"共感",就不能对社会发生广泛的关切。可见,这里的"共感"是以情感的交往为核心,并通过"共感"的作用而引发对社会公益关心为重要道德情感的交往观。胡塞尔在论述生活世界的现象学时,也强调个体不是孤立的,而是同时拥有与他人的这些"自我",拥有一个可以让他人参与并能够参与到他人生活的共同世界,通过"移情"和"共呈"达成主体间的理解实现互主体性。[4]雅斯贝尔斯的"生存共同体"立场则提出以每个成员主体(师生)内在的情感为纽带,通过相互提醒和追问,互为对方的发展创造机会和条件,以实现每个人的自我的本

---

[1] 李则名.优化课堂师生交往方式,提高高中音乐学教实效的研究[J].北方音乐,2020(16):145-146.
[2] 柏拉图.理想国[M].南京:江苏凤凰文艺出版社,2020:107-108.
[3] 休谟.人类理解研究[M].北京:商务印书馆,2011:85-86.
[4] 胡塞尔.哲学作为严格的科学[M].倪梁康,译.北京:商务印书馆,2017:75-76.

真表现、充分完善和发展。[1]马丁·布伯倡导一种基于精神情感的师生交往,"我"与"你"在世界中相遇、交往、互融和对话,是一种以生命整体对世界的关照与介入。[2]卢梭强调情感是师生交往的基础。[3]我们真正的教师是经验和情绪,杜威[4]提倡的"儿童中心论",也是强调儿童通过与他人的共同生活了解到他人的情感、态度,以形成自己的情感和态度,在此过程中也就学会了了解他人,并正确地处理与他人之间的关系。

对于孩子,其实父母都不太敢正面与其发生冲突,因为担心学生无法承受;教师不敢轻易批评学生,因为担心学生产生心理问题。师生之间如何能够真正走向心灵的沟通,关注情感是重中之重。从实践中可以看出,人们能够记住的往往是在情感上予以自己支持和帮助的人,而并不是在成绩上有所提高的人,这也就是为什么经常会有老师"抱怨"说自己教过的孩子那些"学困生"反而比"优生"更懂得感恩,对于成绩好的孩子,教师能够看到的更多是他的成绩,而对于"差生",可能老师需要花费更多的时间与之沟通、交流,有时候一句话或许就能够改变孩子的一生。

对于情感的关注度能够让教师看到更为完整的学生形象,也能够让学生更深层次走入自己的心中,进而能够达到心灵的沟通。任何人都不喜欢抽象化、知识化、淡漠的交往,学生们不喜欢整天板着一张脸的老师,他们更喜欢能够与自己谈心、关注自己细节与情绪变化等的老师。教师和学生之间就如同电池的正负极一样,而情感如同二者之间的电流,让彼此变得更加有价值。

五、合作共生:走向教师和学生共同的发展

假设两个人一起两个人去打鱼,一个划船,一个撒网,如果划船的人专门划到没有鱼的地方,那么抓不到鱼;如果划船之人划到一个有鱼的地方,但是撒网之人不撒网,那么也是抓不到鱼的,这不是以谁为主体的问题,而是要为抓鱼这件事情服务。在师生交往中也是如此,交往的目的是学习,而师生交往是两个人共同做的事情,并非仅仅是为了某一方而服务,在师生交往的过程中,需要教师与学生共同努力。有学者提出理想的

---

[1]雅斯贝尔斯.哲学思维学堂[M].梦海,译.上海.同济大学出版社,2012:102-103.
[2]马丁·布伯.我与你[M].任兵,译.北京:北京联合出版公司,2018:84-85.
[3]卢梭.论人与人之间不平等的起因和基础[M].北京:商务印书馆,2017:145-146.
[4]杜威.哲学的改造[M].许崇清,译.北京:商务印书馆,2017:72-73.

沟通情境具有三个基本特征:每一个说话和行动主体均可参加讨论;人人皆可质疑、提议、表态等;没有讲话者会受到外来或内在的禁止而不能行使上诉的权利。德国哲学家、教育家卡尔·雅斯贝尔斯扬弃和超越了人类历史上共体主体性、交互客体性、外在交互主体性这三种交往形态,提出真正的交往应是"生存"(existential)交往。[①]在这种交往中,人与人之间保持人格平等,相互提醒和追问,互为对方的发展创造机会和条件,从而使每个人的自我都得到本真表现、充分完善和发展。在关系思维之下,教支持学,即在学习过程中以学生的自学为主,充分发挥学生的主体意识,教师则在旁边充当支持者的角色,学生遇到困难可以请求支援,经过教师的指导后自己解决问题。教点拨学是在教支持学的基础上进行的,即通过教师的"促进者"角色,把知识予以普及,在普及之后学生之间进行讨论交流,遇到不懂的学生之间互相点拨,会者点拨不会者,直到学会为止。教示范学即教师要充分发挥自己为人师表的风范,以自己的教学行为感染学生,学生学习效仿,从而指导自己的学习。一切的自主学习以及那些看起来是由学生独立完成的教学活动,实际上教师都在其中扮演着"指引者"的角色。

在师生交往中,教师应平等地对待学生,将其看作与自己一样的主体,同时学生在看待教师时也需要具有全面性。如此,教师才能够成为学生学习的合作者、引导者、参与者,促使交往过程变为师生交往、共同发展的互动过程。在学校场域的师生交往中,知识由四个方面组成:教科书提供的知识、教师个人的知识、学生的知识、师生互动产生的新知识。可以看出在学校场域中,知识是由师生共同努力产生的,而不是只有一方努力就可以。在发展方面,学生在向成人的方向发展,不断完善个人的知识体系和价值观体系,与教师的交往是成长的交往。从教师的发展看来,教师尽管已经是成人,但是在知识不断更新的时代,每一个人都是学习者,每个人都需要发展,教师也不例外,在为学生学习服务的同时,自身也需要在交往中获取自身进一步的完善和发展。

[①]卡尔·雅斯贝尔斯.大学之理念[M].邱立波,译.上海:上海人民出版社,2007:142-143.

第三章 基于整体育人理念的灵动课堂在小学教学中的有效性研究

第一节 相关研究现状

一、灵动课堂模式的定义

《陶行知教育文集》中提到了"六大解放",即解放头脑、解放双手、解放眼睛、解放嘴巴、解放空间、解放时间。[①]灵动课堂是根据陶行知先生的"六大解放"教育思想而提出的,即在课堂让孩子的大脑、双眼、双手、嘴巴、学习空间、学习方式等灵动起来。教师根据学生的成长规律和身心发展特点,通过恰当合理的教育方式,促使学生身心得到自由而健康的发展,让孩子的头脑灵动起来;让孩子的双手灵动起来;让孩子的眼睛灵动起来;让孩子的嘴巴灵动起来;让孩子的学习空间灵动起来;让孩子学习的方式灵动起来。总之,就是让整个课堂"活"起来。灵动课堂是基于学生"学"的课堂教学模式,要求教师优化教学过程要突出五个重点,从而促使学生课堂的"灵动":把备课的重点放在对学生的了解和分析、激发学生的求知欲上;把教的重点放在学生学习方法、方式指导上;把改的重点放在对学生分层要求、分类提高上;把导的重点放在学习知识、学生思维疏导上;把考(作业、测试)的重点放在学生自学能力和创新能力的培养上。

(一)"灵动"课堂是"灵"与"动"的有机结合

1."灵"是指"灵活""灵感""灵魂"

"灵活"是指教师能依据不同教学内容,针对不同学生,运用灵活多变的教学方法,使每一个学生都有所思、有所得、有所感、有所悟。

"灵感"是指教师能最大限度地激发学生思维,使学生在思维敏捷又活跃的状态下迸发出灵感,使课堂充满创造性,散发独特魅力。

[①] 胡晓风,金成林,等.陶行知教育文集[M].成都:四川教育出版社,2005:334-335.

"灵魂"是指教师组织的课堂教学活动能够体现出深刻的教学思想。课堂是思想交流的重要场所。一节课如果没有"灵魂",就如同未经烹饪的食物,嚼之无味。一节课如果没有"灵魂",学生所学只能成为零散的碎片,随着时间的流逝,在其心中留不下任何痕迹。

2."动"是指"互动""主动""心动"

"互动"是指在师生互动、生生互动中,产生思维的碰撞、思想的融合和心灵的交融。教师要学会倾听学生,学生要勇于表达自己。师生相互沟通、相互交流、相互启发,从而达成共识、共享、共进,实现教学相长。

"主动"是指学生在教师的引领下,善于发现问题、分析问题和解决问题。学生主动学习,在自主学习、合作学习、探究学习、体验学习中享受成功的愉悦。

"心动"是指师生在思想和情感上产生强烈共鸣。这对学生形成积极的情感,高尚的情操,正确的世界观、人生观、价值观都有着非常重要的意义。

总之,"灵"与"动"的有机结合,让课堂充满无限生机和活力。

(二)"灵动"课堂是"灵动"的教与"灵动"的学的和谐统一

教学并不是教和学简单、机械地相加,而是教师"灵动"的教与学生"灵动"的学的和谐统一。教师灵活设计教学过程,运用多种教学方法和手段,机智利用课堂生成资源。学生主动融入教学情境、积极进行个性思考、热情参与合作探究活动。

教师作为引导者,引导学生自主发现问题、分析问题和解决问题。教师作为激励者,激励学生积极思考、大胆质疑和创新。教师作为交流者,与学生平等交流彼此的思想与情感。如此,师生才能形成一个真正的学习共同体。

为了实现教师"灵动"的教与学生"灵动"的学的和谐统一,常常要借助教学"对话"。教学"对话"是在师生平等、互动、发展的理念下,围绕某一话题,师生一起去探索、发现、创造的过程。它深刻体现出教学的开放性和生成性。这要求教师必须改变"传声筒""唱独角戏"的做法,走向师生真正的对话、互动与交流,使知识在对话中生成、思想在互动中升华、情感在交流中融合。

总之,教师"灵动"的教与学生"灵动"的学的和谐统一,让课堂充满思想和智慧。

二、研究背景

（一）灵动课堂教学模式的作用

近年来，我国的课堂教育正在发生着巨大的变化。课堂改革成为教育工作者最为关注的话题。我国教育模式虽然历经了不计其数的变革和更新，成绩斐然，但始终未能摆脱传统教育模式的束缚，传统的课堂教学模式是一种以教师为中心、以传授知识为直接目的的教学模式，并形成了教师单向灌输、学生被动接受的局面，学生在学习中的主体性被忽略了。基于这样的背景下，全国各地的教育单位和一线教师都在进行着课堂改革的探索，高效课堂成为教育工作者追求的目标。灵动课堂教学模式对于有效落实国家课程方案，提高课堂效率，提升教育教学质量，推进素质教育有着重要的作用。

第一，灵动课堂模式作为一种新的课堂模式，有利于促进学生全面发展。灵动课堂模式创设有利于学生积极参与的教学环境，遵循学生认知规律的教学规律，鼓励学生独立思考，主动学习，让学生的求知欲和好奇心得到释放，在一定程度上做到了把课堂还给学生，让学生成为课堂的主人。第二，灵动课堂模式有利于推进教学方式的革新和创新。灵动课堂注重学生学习的过程，倡导自主、合作、探究等学习方式，鼓励学生大胆质疑，主动学习，加速了教学方式的转变，使得教学过程成为师生互动、教学相长的过程，起到对教学方式改革的推进作用。[1]第三，灵动课堂模式在实际的运用中，能有效帮助师生优化二者间的关系，建立相互交往、共同发展的新型师生关系，并提供民主、平等、合作、和谐的课堂氛围，使学生成为学习的主人，使教师成为课堂教学的策划者、组织者，以及学生学习过程中的引导者和促进者，起到"解惑"的作用。

（二）灵动课堂模式在各学科中的应用

在小学阶段的所有学科中，语文学科是最为基础也是十分重要的学科，语文课的课时也是所有课程中占比最多的课程。小学阶段多数的课程改革和课程实践都是从语文学科开始的。灵动课堂模式也不例外，最早被应用在语文教学中。采用"以学定导，多元互动"的理念，极大地发挥学生

---

[1]陈常红.例谈小学语文灵动课堂的构建[J].华夏教师，2020(16):57-58.

的主观能动性、参与性与合作性,以学生自学讨论代替教师讲解,以当堂展示、检测促进学生学习,教师在课堂上先展示自学目标,指导学生自学,然后检查学习效果,针对疑难点精讲点拨,再检测反馈,归纳总结,当堂达标。教师的备课方式也从传统的教学设计变成了针对学生使用的导学案设计。导学案在课堂中起到课堂流程引导和课堂任务指导的作用。

在语文课程的教学中,将学生在学习中的互动交流能力设置为了课程教学的重点目标,在教学内容的安排方面,不仅涉及基础的拼音和汉字教学,且针对这部分基础教学内容的开展,更加注重学生的兴趣引导,在教学方式方法上进行了转变,将激发学生的主观兴趣认定为教学开展的重点目标。如在预习检测环节,将学生与教师之间的信息反馈环节转换为你问我答的互动模式,这种模式不仅与传统沟通模式有所区别,对于学生来说也更加具有吸引力,能够为其后续顺利进入课程教学阶段奠定基础。另外,进入第二课时的教学后,教师侧重于锻炼学生的思维能力的实践能力,结合已有的课文内容安排了交流讨论环节,这一环节的形式从本质上来说较之问答沟通的形式更为自由,对于学生来说,也给了他们更大的思维和实践空间。当学生通过主观意识对课文教学的内容有了自己的理解后,不仅在互动交流中能够更多地表达自己的观点,也能够为进一步的写作训练打下一定的基础。据笔者听课观察和语文老师的反馈可知,灵动课堂模式对激发学生的兴趣有显著的促进作用,对于教师来说,也有利于其在课程教学探索中通过发现和应用新的教学组织思路和模式的路径提高自身的综合教育教学能力。从课程运行进程的结构和时长来看,由于课堂任务多为互动交流,这就对学生需要自主完成的课前预习阶段提出了更高的要求,学生只有充分预习了,才能在课堂上有所展示、交流讨论。对于小学生来说,一方面,其自主预习的自觉性和积极性容易受到影响,另一方面,学生自身对预习效果的把握并不是非常准确,在这种情况下,教师需要付出更多的时间和精力对学生进行检测和引导,力求最大化发挥灵动课堂教学模式的优势。

随着灵动课堂模式在语文学科教学中的深化,数学学科也进行了灵动课堂模式的实践。教师在备课环节采取集体备课的方式,集中教研,进行教材分析和教学活动的设计,讨论导学案的编订。数学学科的导学案主要以练习题的方式呈现核心知识,一课一稿,设定不同难度的习题,有梯度地呈现所学知识,教师通过批改学生的导学案能较为全面清楚地了解到学生的知识掌握情况,有助于教师有针对性地开展教学工作。

据笔者听课观察和数学老师的反馈可知,对于小学数学课程教学来说,灵动课堂教学模式的应用结合了小组合作教学模式,将常规的课程教学过程转变为学生共同讨论分析,并解决问题的过程。而且对于学生来说,"小熊购物"这种具有故事性和趣味性的场景也更容易被学生理解和接受。当学生主观上产生了对课程学习的兴趣,则具体的课程教学开展必然在难度上有所降低。另外,教师也适当将单一的数学运算内容转变为问题讨论的形式进行呈现,这能够有效调动学生主观上的学习积极性,为取得更好的教学效果打基础。在总结回顾部分,教师教授的环节较少,给了学生较多的机会来展示自我,学生可以采取自己喜欢或擅长的方式进行知识总结,其他学生进行补充和质疑。将自己的收获及时反馈在课堂上,有助于提高学生自主学习和归纳整理的能力,也有助于教师了解学生对知识的掌握程度。

(三)国外相关研究

灵动课堂模式是一种倡导学生自主学习、合作探究的模式。关于自主学习的研究,早在古希腊时期就有了相关理念。古希腊著名的哲学家、思想家、教育家苏格拉底提出"产婆术"的教学方法,通过师生问答的方式让学生自主感悟、自主学习,而非教师教授。而柏拉图的学生亚里士多德也对这一思想进行了传承,强调学习者在学习中的主体作用。捷克民主主义教育家夸美纽斯在《大教学论》一书中主张教师应该主动去激发儿童的求学欲望。[1]法国哲学家、教育家卢梭也主张教学是对学生方法的培养与习惯的指导。[2]这与灵动课堂模式强调的"生本理念",以学生为主体具有一致性。可见在国外,与灵动课堂理念类似的思想已经传播许久。近代以后,类似灵动课堂模式的课堂模型在国外已经出现。布鲁斯·乔伊斯(Bruce Joyce)、玛莎·韦尔(Marsha Weil)、艾米莉·卡尔霍恩(Emily Calhoun)在《教学模式》一书中将研究的多种教学模式进行了总结和分析,并从中

---

[1] 夸美纽斯. 大教学论[M]. 傅任敢,译. 北京:教育科学出版社,1999:85-86.
[2] 卢梭. 论语言的起源[M]. 北京:商务印书馆,2021:74-75.

找出了22种共同特征。①对教学模式按照其内容和性质进行归纳,分别为信息加工模式、人格发展模式、社会交往模式以及行为修正模式。其中的人格发展模式强调教学中的主观能动性,坚持个别化教学,教学方法中特别提到了启发式教学。而灵动课堂模式的一个重要理念也是启发孩子的思维,让孩子的头脑动起来,点燃孩子的求知欲望,让孩子在教师的启发下自主地进行学习,创设自主课堂。里德利(Ridley D.S.),沃尔瑟(Walther B.)在其著作《自主课堂——积极的课堂环境的作用》一书中分析了自主课堂构建所需要的条件以及相应策略。②从现阶段的实际分析,国外学者针对灵动课堂的构建研究重点都集中在对制约灵动课堂效率提升的因素方面。另外,还包括了一部分课堂构建的要素分析等,如针对灵动课堂模式下的师生关系影响因素,学习活动所采取的具体方式的影响因素以及学习工具的应用和先进与创新教学工具的应用方面。由于灵动课堂模式下,教师主要起到引导作用,学生才是课堂的主人,是课堂的主要参与者,在灵动课堂模式较为成熟的课堂上,学生可以在部分教学环节代替教师,引导课堂活动和流程,这就要求教师在设计课堂时使用现代化教学工具来设计形象生动、素材丰富的教学课件,以吸引学生兴趣,也对学生引导课堂起到辅助作用。

(四)国内相关研究

早在我国古代的春秋时期,著名教育家孔子就提出了"启发式"教学。《论语》有云:不愤不启,不悱不发。先让学生积极思考,再进行适时启发,这与灵动课堂模式所倡导的学生先自主学习,教师再进行引导学习是一致的,强调启发学生思维,而非知识灌输。近现代,针对课堂改革的研究在我国具有一定的持续性,20世纪80年代以来,国内对自主学习开始有了系统的研究,并衍生出一些基于自主学习理念的课堂模式,这也是灵动课堂模式发展的参考基础。《课堂教学的变革与创新》③一书中提到合作、探究、创新的教学目标观,这也是灵动课堂模式所提倡的教学观。蔡国仁先

---

①Bruce Joyce ,Marsha Well ,Emily Calhoun. 教学模式[M]. 北京:中国轻工业出版社,2009:76-77.
②Dale Scott Ridley,Bill Walther. 自主课堂 积极的课堂环境的作用[M]. 沈湘秦,译. 北京:中国轻工业出版社, 2001:105-106.
③孙亚玲,范蔚. 课堂教学的变革与创新[M]. 广州:广东教育出版社, 2006:48-49.

生在《引导探索经历体验的过程》[1]一文中说到,教师在课堂教学中应充分地让学生参与体验、探究、操作和思考。《高效课堂模式的浅谈与探索》[2]一文中提到立足学生、以生本教育理念开展教学,"以学定教,为学而教"。《论自主课堂的建构》[3]一文从自主课堂的意义、构建的理念和建构策略等方面对自主课堂进行了细致阐述。其中提到的创设情境、自主学习、促进自主生成策略在灵动课堂模式的独学和群学环节均有体现。自主课堂首先是一个开放自主的课堂,华炜[4]也在其文章中提到自主课堂的理想境界就是由学生来承担教学主题。吴永军[5]认为,教师应该把学习主动权还给学生,把思维空间留给学生。杨四耕[6]认为,自主学习的课堂是一个师生充分自主的舞台。这也是灵动课堂模式所倡导的把课堂还给学生,让学生成为课堂的主人。

　　除了理论研究,全国的教育工作者们也在积极地进行实践探索。如辽宁省盘锦市第二中学开展的"六部教学法"实验;广东省广州象贤中学尝试应用了"三元整合导学课堂"模式进行教学;上海市嘉定中学钱梦龙开展的"导学教学法"研究;山东潍坊教科院也推行了"345问题导学"课堂教学模式;绥化市明水县滨泉中学引进"高效课堂"理念,进行课程改革的探索。从现阶段的应用实际效果观察,这些创新的灵动课堂教学模式也都在一定程度上取得了成果。同时,全国各地从小学到高中都有结合自身的教学实际应用灵动课堂教学模式的实例,如江西省赣州市龙南县新都学校打造小学英语灵动课堂,来发展学生的英语核心素养;铜梁县第一实验小学进行灵动课堂模式构建,开展多元教学模式;重庆市忠县忠州第二小学以"引、导、议、点、练、展"的模式进行灵动课堂改革实践;蒲城芳草地小学从语文学科入手,深化灵动课堂模式在基础教育中的应用。最为著名的是山东杜郎口学校的实践。杜郎口中学位于山东省茌平县,是一所乡镇中学,该校采用的"高效课堂"模式吸引了全国各地的教育人士,也为灵动课堂

---

[1] 蔡国仁. 引导探索经历体验的过程[J]. 小学教学参考,2011(05):39.
[2] 王霞. 高效课堂模式的浅谈与探索——自主、合作、探究式的学习[J]. 赤子(上中旬),2015(24):305.
[3] 王河滨. 论自主课堂的建构[D]. 重庆:西南大学,2007:15-16.
[4] 华炜. 中学生创造个性特点的研究[D]. 长春:东北师范大学,2005:11-12.
[5] 吴永军. 高中新课程理念下的课程实施及其评价[J]. 江苏教育研究,2006(01):24-27.
[6] 杨四耕. 自主性变革:走向课程自觉的美好境界[J]. 中国教育学刊,2020(05):66-70.

模式提供了经验指导。这也从侧面反映出这种教学模式在实际应用中的有效性以及师生对于这种教学模式认可度的提升。

三、研究意义

（一）理论意义

研究灵动课堂模式在小学各科课堂教学的有效性，有利于扎实推进课堂改革。课堂改革之路，任重而道远，许许多多的教育工作者都在为此奋斗着，本书以课堂改革为基础，以实际教学为依托，有力地推进了课堂改革的实践，也为教师教学提供了参考，为新时代的课堂模式改革提供新的思路和启发，丰富了课堂改革的理论内容，为教育工作者的理论学习提供一个参考。本书也是将课堂改革理论与教育教学实践相联系的一种探索，有利于推进教学方式和学习方式的转变。而教育观念是通过教育方式体现出来的，因此本研究能对教育观念的更新贡献微薄力量，推动教育改革向纵深发展。对于一线教育工作者而言，教学理念和教学方式是教学工作的指向标，本研究能对教师的教育理念更新起到一定的推进作用，也在一定程度上为教育改革提供了理论支持。

（二）实用价值

除了理论意义外，本研究也存在实用意义。本研究可以更加有目的性地指导笔者所在学校的课堂改革，为课堂改革提供新思路，将老师从固定模式中解脱出来，使老师可以更有创造性地进行课堂教学工作，也有助于学生的成长和发展。本研究有利于推进素质教育，以人为本，以生为本，促进学生的全面发展。同时，也为校本研修提供了新素材和新想法，将校本研修和教学实践紧密联合，相辅相成，给教师的集体研修和课题研究提供了选择，在研修过程中，教师的专业成长也得到提升，为教师业务能力的提升和发展添加了更丰富的"参考资料"。另外，由于区域化办学和大学区交流的紧密，此研究不仅为自己学校提供了教育教学改革的新思路，还能为同一学区内的兄弟学校的课程改革起到借鉴作用。最后，本课题的研究将形成一个完整科学的模式作为基本要求，通过数据对比分析找到应用新的教学模式的意义，并且为小学课堂教学过程中灵动课堂模式应用的具体实施提供实操方面的参考。将教师的注意力从教学模式的独立性适当调整到对于新教学模式应用适宜性的思考方面，在推行教学模式的创新的基础上，为激发教师教学思路的创新以及综合教学能力的提升提供帮助,使创新教育思路和提升教学能力不再是口头倡导,而是在日常教学中落到实处,促进教师自身的发展和教师综合业务能力的提升。

第二节 灵动课堂教学设计研究

一、研究问题

笔者重点基于西安东城第一小学针对语文和数学课程独立应用灵动课堂模式的状态和效果进行研究和分析,意在找到合理的路径将灵动课堂在教学中的应用优势融入小学英语的课堂教学中。关于灵动课堂与英语教学的融合,部分教师认为英语课程由于教学内容的特征与语文和数学课程的教学存在差异,课程教学中没有充分的时间分配给预习环节,因此不宜在英语课程的教学中应用灵动课堂教学模式。部分教师认为灵动课堂教学模式既然可在语文和数学课堂教学中应用,在英语课堂中的应用应当具有可行性。基于此,本书需要针对英语课程教学与灵动课堂融合应用的相关问题进行讨论。借助教育实验、问卷调查、访谈等研究工具,主要研究问题有以下几方面:灵动课堂模式在小学英语教学中是否有效?是否合适?是否应该完全套用该模式?综合教育实验期间学生的英语学习情况,对研究问题进行分析讨论。

二、研究对象

笔者将研究对象选定为五年级一班和五年级二班这两个平行班,每个班65人,共计130名学生。这些学生的知识水平、课堂表现以及新知掌握程度十分类似。学校从一年级开始设置英语课程,一年级和二年级学生每周一节英语课,学生主要学习英文字母,简单的英文单词读法以及英文儿歌等知识,不参与期末考核。自三年级起,每周两节英语正课,另有一节时长为15分钟的英语早读和一节时长30分钟左右的英语自习课。部分学生有进行课外英语辅导班的学习,大部分学生放学后在托管班完成家庭作业等课后学习任务。在五年级一班,教师使用灵动课堂模式授课,在五年级二班,教师使用组合课堂模式授课,即词汇课和复习课采用以灵动课堂为主的模式,语法课和会话课则较多地加入教师传统讲授。学生通过四年的英语学习,具备用英语参与简单课堂活动的能力,能用英语完成简单的课堂对话。

三、灵动课堂的定位

(一)教学理念的更新

在新课程改革的形势下,烦琐的教学理论、花样翻新的教学方法、形形色色的形式充斥着我们的课堂。教师教得很辛苦,学生也学得很辛苦,但是实际教学效果并不理想,很多学生对知识的掌握和运用十分有限。浪费了宝贵的学习时间,学习效率低下,其原因在于我们传统的教学行为有很多是无效或低效的。

传统的教学具有较强的功利性,非课本内容不讲,非考试内容不学,把学生当作灌输的对象,忘记了学生是具有主观能动性、有创造性思维的活生生的人。致使学生缺少施展个性、发展自我的条件和机会,学生的思维能力被束缚、被禁锢,逐渐养成一种不爱问,也不知道要问"为什么"的麻木习惯。灵动课堂作为一种理念,更是一种价值追求、一种教学实践模式。许多传统教学方式终究会被取代,学生会真正成为课堂的主人。灵动课堂锻炼学生的自学能力和自我发展能力,让学生身心愉悦地学习,学会如何学习。

夸美纽斯说过:"找出一种教学方法,使教师因此可以少教,但使学生多学[1]。"叶圣陶指出:"先生的责任不在教,而在于教学生学[2]。"陶行知把世上的"先生"分为三种:第一种只会教书,结果把学生变成书架子、纸篓子;第二种不是教书,而是教学生,但学生仍是被动状态;第三种是把教和学结合起来,让学生学会自己学习。他认为,第一种最糟糕,第二种不好,第三种最正确。课堂是学生表现的地方,不是老师表演的地方。一节课的教学设计再好,教师讲得再精彩,如果学生不能真正地参与其中,那也算不上是灵动课堂。

所谓灵动课堂就是用尽可能少的时间获取最大教学效益的教学活动。

---

[1]刘常喜.自主互助探究教学方式的探索与实践[J].陕西教育(高教),2021(12):17-18.
[2]黎清.高中古诗文教学"少教多学"的策略研究[D].桂林:广西师范大学,2015:20-21.

开展课堂研讨,其指导思想归纳起来就是两个减轻、两个提高:减轻教师的教学负担,减轻学生的学业负担;提高教师教学效益,提高学生学习效益。最终达到提高学校整体教育教学质量的目的。这也是建设和谐校园,实施人文教育、促进全面发展的根本要义所在。

课程改革的核心环节是课程实施,课程实施的基本途径是教学,所以教学改革是课程改革的关键所在。因此,努力探索新课程实施中的学科教学模式是课程改革的重中之重。课堂教学模式的构建应该关注知识、技能目标。《基础教育课程改革纲要》中将课程的目标表述为:知识与能力、过程与方法、情感态度与价值观三个方面,这应该是一个全方位的目标体系。

因此,新课程理念下的课堂教学模式,必须关注《新课程标准》对课程的重新定位和对教学的新要求,要以师生互动为中心,积极倡导自主、合作、探究的学习方式,另外还必须考虑新教材的内容、体系特点,有的放矢、因地制宜地进行教学,还应该关注多媒体技术在各学科教学中的应用,积极探索现代教育技术与学科教学整合的教学模式。

教学模式创新的主要任务是形成一种学习环境,以最适宜的方式促进学生的学习和发展,但是没有一种模式是为完成所有类型的学习或者是为适用于所有学习风格而设计的。[1]当前,教学模式正从单一性向多样性发展;从以"教"为主向重"学"的方向发展;从经验归纳型向理论演绎型发展。作为一名优秀教师,不能只会运用一种教学模式,而应该在既定的模式下灵活融入自己的教学理念,发挥自己的教学风格,才会取得较好的教学效果。而一种成功的教学模式应该具有以下特征。

完整性:任何教学模式都是由一定的教学理念、主题、目标、程序、策略、内容和评价等基本因素组成的,本身具有一套比较完整的结构和一系列的运作程序,体现出理论上的自洽性和过程上的连续性。

操作性:教学模式是一种简化的教学思想和理论,它通过某种便于理解的教学结构和易于操作的教学程序,把某些抽象的、纯粹的理论用比较具体的、形象的形式反映出来,为教师的教学提供了一个简单易行的教学行为框架,使教师在具体的教学实践中能够理解、把握和运用教学理论。

---

[1] 姚久峰. 灵动课堂以生为本——小学科学探究教学之我见[J]. 科学大众(科学教育),2015(04):47.

稳定性:教学模式是在一定教学理念的指导下形成的教学结构和活动序列的结合体,它通过概括教学经验,去粗存精,抽取出重要的教学要素组成,在一定程度上揭示了教学活动的普遍性规律,因此具有相对稳定的特性。

灵活性:虽然教学模式具有相对的稳定性,但这并不意味着它是一成不变的,在具体的教学过程中,随着学科的特点、教学内容、现有教学条件和师生水平的不同,我们需要做出相应的调整。此外,教学模式是一定社会的产物,随着社会发展的变化,教学模式也不断地吐故纳新,只有这样教学模式才能永葆青春活力。

(二)灵动课堂的定位

1.群策群力,构建课堂

在办学理念的指引下,学校领导班子结合国内教育现状以及国内外先进教育理念,通过充分地考察、调研、论证,一致认为只有充分发挥学生学习的主动性、积极性,在课堂上营造一种自由、平等、民主、和谐的氛围,才有可能实现真正意义上的灵动课堂。而这种氛围恰好与火所蕴含的精神相似,火的象征精神即积极、主动、热情,火苗所展现出的灵动不正是我们追求的课堂上师生的精彩表现吗?灵动,既符合火代表的精神与内涵,同时也体现了我校课堂文化的追求。于是,我们大胆构建并尝试了"以学定导,多元互动"的灵动课堂教学模式。此种教学模式就是极大限度地发挥学生的主观能动性、参与性、合作性,将校园文化渗透到课堂教学的每一个环节,从而形成富有自身特色的课堂文化体系。

(1)灵动课堂研究的价值

理论价值。越来越多的教育家认识到教学既是一门科学,又是一门艺术。教学是一门以客观再现教学内容而求"实"的科学和以主观表现思想感情(心灵)而求"活"的艺术。科学地再现求"实"与艺术地表现求"活",使师生发展求"优"的完美统一是我们应孜孜以求的教学境界。教学活动的主阵地是课堂教学,新时代教育呼唤"灵动"的课堂教学。课堂教学从信息论的角度说,是教师"教"与学生"学"的整合,是一种动态、生长性的"生态环境",是"教""学"因素所构成的一个信息传递的动态过程。灵动的课堂教学需要让课堂教学活起来,从表现形式上看,就是要求课堂教学呈现出"生动活泼、宽松和谐"的"满意场"。从课堂教学系统的构成上看,就是要求在课堂教学这个"整体"之中,"教""学"这两个子系统能够优化组合,有机统一。即教师把"循循善诱"用到学生的"独立思考""热烈讨论""争论和交流"与"体验领悟"之上,从而使"教""学"和谐一致。在"和谐"的教学中,师生交往、互动,生生相互交流、沟通,相互启发、补充,以达到教学相长,共同发展的目的。

实践价值。第一,构建灵动课堂就是把一个真善美的灵动世界呈现给孩子,使孩子们快乐学习、全面发展、幸福成长。灵动的校园是人生幸福的开始,灵动的课堂是学生学习和成长的乐园。我们一直着力追求构建一个丰富学生知识、发展学生能力、完善学生人格的课堂,这就是灵动课堂。构建灵动课堂将进一步深化"火文化"课题研究中关于课堂教学领域的研究,丰富和发展我校"火文化"课题研究的理论与实践。第二,通过研究为素质教育理论的丰富和发展提供新鲜、富有特色的资源,努力推进基础教育课程改革向纵深发展。第三,通过研究,引领教师专业成长,提高教育教学质量,提升办学水平。第四,通过研究,努力培养更多像山那样沉稳与敦厚、像龙那样灵动与智慧的时代新人。

(2)灵动课堂理念阐释

火,具有众多的象征意义和精神,而其中的跳跃、不羁、灵动等正是我们课堂文化所需要汲取和发扬的精神。现代汉语词典上对"灵动"的解释是活泼不呆板,富于变化。这是灵动课堂的外显形态,它的内核则是在人本理念引领下,通过教与学,搭建教师与学生共同成长的平台。构建灵动课堂,要在立足于生本思想的基础上,呼唤课堂回归,将课堂还给学生,促进学生学习主动性和学习力的提升。关注课堂生长,对教师自身的素质提出了更高的要求。教师走进课堂,既要有充分的预设,又要关注课堂的生成,处理好预设与生成的关系,让课堂在师生的共同成长中绽放灵动的精彩。

(3)小学教学中灵动课堂的特征

扎实平实。扎实、平实是课堂灵动和生长的基础。学生走出课堂与走进课堂是否不一样?知识技能的增长、情感态度的变化、学习力的提升……这一切的变化应该源自教师课堂教学准确的目标定位和教学策略的适当选择,源自学生课堂的积极主动参与,源自教师的深层引领,引领学生扎扎实实地经历学习过程。这样的课堂,就像家常的饭菜,虽然普通,但很养人;这样的课堂,虽然简简单单、朴朴实实,没有华丽的外衣和鲜艳的色彩,但却令人回味留恋。

互动生成。互动生成是实现课堂灵动和生长的有效途径。在教师充分预设的前提下(这样的预设不是刻板的,一定是灵动的,是在充分估计学情基础上的预设)关注课堂上的互动生成,"生—生""师—生"的真实互动,将促进学生真正成为课堂的主人,促进"师—生""生—生"平等对话的形成,促进学生经历体验与感悟的过程。教师要在生成中抓住契机,期待那不可预设的精彩。

智慧生长。智慧生长是灵动课堂的追求与目标。我们研究灵动课堂,最终希望课堂展现并绽放教师的智慧、学生的智慧,在对话与互动中碰撞出智慧的火花。教师的智慧表现在他简约的预设中、精彩的回答中,更表现在他对课堂生成契机的把握上。

(4)灵动课堂流程及操作要点

"以学定导,多元互动"的灵动课堂教学模式具体操作流程可归纳为:检、导、学、展、拓。

第一,"检"——预习检测,点燃激情。

预习检测:教师检测、学生自测、同伴交流、展示交流、完善学习活动、完成自我评价。

此项环节既是课堂教学的常规环节,也是我校办学理念的具体体现。要点燃成功人生,首先要在课堂上点燃学生的学习激情,教师以简洁生动的语言、直观的图片、形象的多媒体课件、动听的音乐等创设生动的情境,营造浓厚的学习氛围,激发学生探究文本的兴趣,点燃学习激情。

充分发挥学生的自主意识,让学生根据个人兴趣爱好,自己选择感兴趣的内容和学习方法,发挥自身主动性,给学生自由空间。所有的学习活动都是围绕着学生如何自主地学去展开。学生充分活动起来了,自主学习就成为一种自动自发的习惯。

检测环节包括学生对旧知的复习和对新知的预习,以及自我检测和同伴检测,为学习奠定良好的知识基础做铺垫。这也是我校校训"传承文明,探索创新"的一种课堂微体现。

第二,"导"——明确目标,相机引导。

学生阅读、理解学习目标。依据目标,教师出示问题,进行学法指导。

指导可分为三个具体操作步骤,教师可根据情况灵活运用。

引导是指教师在了解学生原有知识体系的基础上,明确本节课目标,运用不同的方法,使学生在学习过程中的思想和行动靠近学习目标,思考问题、解决问题,形成正确的学习方向。

相导在这里是相机引导。指教师根据学生学习的需要,及时地出现,引导学生发现问题、解决问题。灵动课堂要求教师不是"教知识",而是"导方向"。

疏导是指当学生在独学、对学、群学等环节出现不能解决或未能达成统一意见的问题时,由教师进行知识梳理,归纳总结,形成知识体系,使学生达成本节课的学习目标,并能前后贯通,灵活运用。

本环节要根据学生提出的问题采用恰当的引导方法,联系学生对已有知识点的理解,尊重学生的意见,采用学生的观点,使学生和教师产生共鸣,让学生感到自己是课堂的主人,自己有充分的话语权。

教师的活动定位为唤醒、激励、引导、启发和评价,想要让学生真正成为学习的主体、交流的核心,教师就要善于利用、善于引导,在学生的求知欲望、学习之火充分激发之后,我们的课堂就更注重导向作用。

教师在课堂设计中应该巧妙引导,引导学生自主学习、探究学习,充分发挥学生的主体作用,"授之以鱼"不如"授之以渔"。教师也不能片面理解这种理念,放任自流,让课堂处于"完全自由"的状态,使之演变成教学过程中教师"缺位"的"学生中心论",而是要在关注学生活动的"主动性"的同时也重视自身活动的"有效性",加强教师教学手段的有效引导,从而实现课堂教学的最优化。

第三,"学"——自主学习,交流互动。

独学:①问题入手,探究文本;②双色笔标注,对于独学未能自主解决的问题,用红色笔标注;③教师巡视,评价学习情况。

这是学生个体独立学习,也是灵动课堂学生学习的第一步。让学生的学习犹如星星之火,蓄势待发。

独学要求学生借助指导单(学习单),通过学习教材或查阅资料,尝试解决本节课的基本问题。需要每名学生静下心来,真正地进行独立思考,获得新知。对学习过程中的重难疑点做好标注,把未解决的问题找出来,便于留待后续的环节予以解决。

对学：①质疑求证，对自主学习中的疑难问题，结成对子相互质疑求证；②收获分享（代表个人在组内展示自己在独学中的学习成果）；③对子检查，对子互查独学完成情况，互批导学案，教师关注学情，及时点评，激励引导；④整理完善，在以上质疑、收获、互检三步后，第二次修改、整理、完善导学案。

对学是指同等学习程度的学生之间的合作学习，一般为2~3名学生，根据独学的快慢，自然成对。随着学习的一步步深入，对学同学的学习热情就如同星星之火，已有蔓延之势，并为群学做好充分的准备工作。

其目的一是解决独学过程中存在的主要问题，二是对子互相完善达成共识，三是形成共同问题，提交小组。根据学习内容的难易度不同，有时对学环节可以省略。

群学：①提出对学中不能解决的问题，小组进行讨论；②小组交流，组员快速聚拢，人人参与，一般由学生1发言，学生2补充、纠正、完善，学生3进行总结点评，达成一致观点，小组要明确分工，做好记录。

群学是指小组内不同程度学生的合作学习，要求以学习小组为组织单位，通过互相帮扶，真正实现共同提高。此刻，学生的思维得到充分的解放、碰撞，他们也会进行全方位的展示、交流。

群学的过程，既是解决独学、对学中存在问题的过程，也是发现新问题、探索新问题的过程，群学也是展示的准备阶段。

评学：小组内对本次学习活动进行点评，由组长组织进行，并评出等级。

学如文火慢烹，又如烈火猛炖。我们的课堂除了要求学生具有积极主动的精神之外，更要学会合作。在课堂上要开展独学、对学、群学、评学四种学习方式。

评学是指在班级内所有学生的共同学习和提高，评学是在班级大展示的基础上，点评、补充和质疑，对于不同的意见和建议，取长补短，共同解决，统一意见，达成共识。

质疑和评价也是课堂的重要组成部分，经过群学的思维碰撞，此时的评价可以为学生今后的学习做好精神铺垫。

本学习环节中独学是基础，对学是常态，群学是升华。主要是发挥学生的参与意识、平等意识，让每名学生做到积极参与，人人都是"主演"，勇于发表自己的观点和看法,完善所学知识。把课堂还给学生,充分发挥学生的主体地位,让课堂成为每个人学习的舞台,让学生成为课堂的主人。无论是对学,还是群学,都利用小组进行,利用"兵教兵,兵强兵,兵练兵"的方法,让学生们在合作互动中彼此帮助,共同提高,生生之间的互动互助更为直接,针对性更强,更易于被接受,课堂效率自然也就更高。小组的互助互动使小组中的各个成员都能参与其中,群策群力,以不同的视角、不同的思维方式共同形成本组的最佳方案,活动中每名成员各司其职,也使每个人都有了平等的展示机会,课堂不再是学优生的天下,有了组内成员的帮扶,有了平等的展示机会,有了更宽广的展示平台,每个人都能共享成功的快乐。

第四,"展"——合作探究、汇报展示。

代表小组在全班展示,分享群学的收获,其他小组认真倾听,进行质疑、补充等。教师相机引导点拨。

组内小展示——主要是指学生在小组内展示独学和对学的成果,暴露在独学、对学过程中存在的问题,组内予以解决。如果组内达不到共识,可提交班内大展示或质疑补充其他组的大展示结果。

班内大展示——主要是展示能力提升过程中或总结提升过程中的成果和问题,供全班学生共同质疑或共同补充,在教师的引导中达成本节课的学习目标。

灵动课堂上,每个小组内根据任务或问题有组织地进行交流互助,他们为了共同的学习目标分工合作,且经常更换角色。学生们在这样的小组学习过程中相互交流,相互帮助,共同分享合作的成果和成功的喜悦。这样的课堂中生生之间没有任何障碍地进行交流,这是心灵的沟通,大家安心地、轻松自如地构筑着和谐的关系,同时营造起课堂的灵动。

展示是灵动课堂的重要特征,可以贯穿于课堂的全过程,可以在不同的课型中得到不同的体现。灵动课堂的展示包括"组内小展示"和"班级大展示"两种,是学生之间相互沟通,取长补短,共同学习提高的重要方式。

本环节旨在对"独学、对学、群学"小组合作学习的成果进行展示,通过追问、质疑,提升学习目标,拓展出更多的相关内容,让学生学会"举一反三"。学生的民主意识得到充分的发挥,人人都是观众,充分倾听别人的观点。在此环节中重点在于利用学生的表现欲,培养学生的自信心。让学生在展示自我的过程中,不但展现合作学习的成果,还要显现个人的风采,让学生获得成就感。这不仅是小组团体智慧的集中体现,也是一节课的精华所在。通过学生的动口、动手、动脑,以达到活跃思维,锻炼勇气,培养能力,增强应用,塑造人格的目的。教师要有让全体学生参与的意识,调动更多学生的学习热情,让学生无拘无束地"动",随心所欲地"说",在课堂的零干扰状态下主动求知,以学促教。教师要鼓励学生大胆阐述自己与别人不同的见解和意见。

第五,"拓"——激发潜能,拓展提升。

师生质疑对抗,进行思想的碰撞。此环节学生和教师都可进行质疑,生与生、师与生进行交流。质疑对抗要针对问题,避免不必要的争论。

教师恰当点拨升华。对于停留在浅层次、偏离主题的疑问,教师要适时追问、点拨,如果仍存在未解决的共性问题,可以给予学生讨论和探究的空间,让学生自主解决,实在必要时教师进行启发引导。

灵动课堂中,学生在教师的引导下,不断地发现问题,又不断地解决问题,始终处在一种思维挺进状态,能力也随之呈螺旋式上升。学生在问题或任务驱动的基础上学会独立思考,同时能把疑问引向与同伴交流或向老师请教的课堂,进行各种交往和合作分享。同时在新的任务驱动下产生新的疑问,并把这些问题延伸到课后,延伸到生活中去,逐步形成敢于探究、敢于质疑问难的良好品质。所以,灵动课堂上,学生的思维能力就犹如星星之火,以燎原之势发展。

本环节是课堂和谐提升的环节。师生通过质疑将遇到的问题通过融洽的交流达到认同,形成和谐统一。学生主体积极参与,享受民主的权利,获得充分的自由,不唯上,不唯师,不违心,实事求是;以学生为主体,教师为主导,学生与教师坦诚相待、和谐共处、互动交流、共同发展。坚持以人为本,使教育的各因素相互依存、相互促进、协调合作,形成完美的教学生态,从而促进学生自我激励、自我成长、自我完善。

2.初见成效,推陈出新

(1)培养了一批"新学生"

通过五年的课改探索,我们惊喜地发现学生已经初步具有一定的合作意识、创新能力、思维能力,学生学习的积极性高涨,探索精神得到了极大的提升。如今的课堂,学生的语言表达能力、动手操作能力、创新思维能力、课堂观察能力大幅度提升。学生的自信心在课堂上得到了充分的展示和体现,真正培养了一批新学生。

(3)打造了"新"课堂

通过不断的探索,逐步形成具有我校特色的"以学定导,多元互动"的灵动课堂教学模式。该模式极大地丰富了我校校园文化建设的内涵,促进了师生的共同成长。使我校的课堂教学发生了翻天覆地的变化。课堂上,学生的精彩发言、观点碰撞、精彩展示让我们看到了课改带来的真真正正的实效。而教师,也真正走下了神圣的讲台,成了学习的参与者、引领者、学生学习的伙伴。学生的求知欲、质疑能力正在飞速提升。

3.感悟变化,内化提升

(1)追求基于生命成长、个性灵动的本真教育

灵动课堂理念下的教学模式改变了传统课堂中师生低质量的互动状态,点燃了生命的激情,人人享受成长的快乐,人人体验、践行、参与其中,这是本真教育的一种回归。实现了"四个转变"即变教会为学会,变学会为会学,变要我学为我要学,变为学而学为为教(用)而学。

(2)拉长了传统教学局限于课堂的时空链条

灵动课堂理念下的多元教学模式需要学生课前充分预习,课中积极参与,而学习结束后,学生掌握的知识要能运用于实际,解决问题,拉长了传统教学局限于课堂的时空链条。而学校校园文化建设本身就考虑了课程化,让学生在校园活动中就能运用所学的知识解决问题。再加上家庭课程和社会实践课程,为学生运用知识提供丰富的机会,让学生真正从"三味书屋"走向"百草园"。

(3)课堂文化辐射影响校园文化

课堂文化辐射影响校园文化,使学校文化品位又上了一个台阶,构建灵动课堂理念下的教学模式的顺利实施,必须以建立和谐、民主的对话环境为前提,必须是"用智慧引领教育,让教育生成智慧"的过程,必须是富有生命的、充溢着对生命的理解、关怀与尊重的;必须是开放、自由、充满智慧的;必须是提升教师和学生生命质量的课堂文化。在课堂上,学生是受教育者,同时也是教育者。教师应紧紧依靠学生的内驱力,发展学生的学习天性,释放学生的个体潜能,使其达成自主学习的目标,实现学生的自我发展。构建灵动课堂理念下的多元教学模式将成为一种新的校园文

化,使学校的文化品位再上新台阶。

四、灵动课堂模式教学设计

灵动课堂模式符合生本教育理念,倡导把课堂还给学生,让学生成为课堂的主人。在备课环节,以灵动课堂模式在语文学科和数学学科的应用为参考,把备课工作的重点从设计教师如何教的教案转换成设计引导学生怎样学的导学案。教师通过研读教材、分析教材、梳理教学目标和教学重难点,将其简单呈现在导学案上,为学生的预习和学习起到指导和参考的作用。再通过分析学情,结合学生的知识水平和学习特点,以"独学—对学—群学"的结构为课堂流程指导来设计课堂活动。以不同形式和低难度的课堂活动来引导学生进行自主学习和合作学习,分层次地设定各类题目和练习,完成新知探究、知识操练和成果输出等。

在实际教学中(以会话课为例),教师先提前设定预习任务,以家庭作业的形式布置给学生,指导学生有针对性地进行预习。预习内容以核心词汇和句型为主,让学生对新知有一个基本的了解和掌握,让学生在上课时有所准备,"心中有数",以帮助学生更好地参与课堂。教师也可提供一些多媒体素材和资源帮助学生完成预习部分的内容,借助在线平台等现代教育技术和学生沟通交流。

在课堂教学中,以"独学—对学—群学"的流程来推动课堂环节。首先是独学环节。教师提供素材和学习资源,帮助学生进行独学,学生通过自主学习,掌握"四会"单词,并完成导学案中的相应练习,一般是基础类的单词练习,例如朗读、连线、补全单词、选出不同类等。导学案在这一部分既起到引导学生学习的作用,也起到检测学生自学成果的作用。独学过程中解决的问题是导学案中最基础的部分,所有教师在设计导学案时应设定相对简单的独学任务,给每个学生参与独学环节的信心和解决问题的成就感。

之后进行对学环节,对学的搭档设定以学生座位为参考。教师布置对学任务,一般以创编对话、分角色朗读课文等为主,对重点知识进行操练,在这一环节中,学生也可将独学环节遇到的问题与对学同学进行讨论去解决问题。对学完成的对话或分角色朗读课文等成果可以在小组内展示,教师也可以选择部分学生在班级展示,并且在学生展示后给出评价。

对学之后是群学环节。群学活动以小组为单位,小组的设定参考学生座位。教师设置群学任务,根据学生学习情况,设置有难度梯度的不同类型的群学任务,常见类型有调查采访、情景模拟、对课文内容进行角色扮演等。小组成员自行选择想要参与的任务,并进行小组讨论,小组长组织安排分工。讨论完成后在班级进行展示,展示完成后其他小组成员可以对展示内容进行质疑或补充,最后进行知识总结。教师在整个过程中充当引导者的角色,引导课堂流程按预设进行,此外还需对学生的展示或发言进行补充。根据学生的学习情况和课堂时间,教师可以在对学之后,群学之前穿插一些课堂小游戏,以调动学生参与的积极性,活跃课堂气氛,激发学生参与的兴趣和热情。

关于课堂评价环节,由师生共同完成,从学生的课堂参与度、知识掌握度、组织纪律性等多维度进行评价。评价体现以人为本的思想,促使个体最大限度地实现自身价值。学生和教师都可以对同学的展示或发言进行评价,常用评价方式是加分或减分,为了鼓励学生积极参与课堂,较少用到减分机制。在独学环节,对学生个体进行评价,给予鼓励性的加分或贴画等;在对学环节,既可以对学生个体进行评价,也可将对学评价与小组关联;在群学环节,以小组评价为主。对于学生展示的不同程度进行不同分值的加分,呈现在黑板上,最后对得分进行汇总评价。得分较多的小组可以得到鼓励性奖励,如领读课文的机会,充当老师进行新知汇报的机会等。

五、教学效果研究方法

本书采用了混合方法,包括访谈调查法、问卷调查法和教育实验法,这样可以避免单一研究方法的局限性。访谈调查主要针对学生和家长两个群体,通过对学生的访谈直观了解到学生在教育实验中的课堂感受;通过对家长的访谈了解学生课后学习的情况,以及家长对学生教育实验前后动态变化情况的感受。问卷调查只针对学生进行,在教育实验前和教育实验后分别进行一次题目相同的问卷调查,客观地呈现学生的学习情况,了解学生教育实验前后学习感受的异同。教育实验法以日常教学为依托展开,通过实验数据的整理和分析,能够较为直观地反映学生的学习情况,也在一定程度上反映出灵动课堂模式对小学英语教学的有效性。

（一）访谈调查法

访谈调查能够通过直接交谈获取到受访者的真实感受和看法。为了收集较为全面的信息数据，笔者将对部分家长和学生进行访谈，主要收集教育实验后学生的动态变化数据，因此访谈在教育实验后进行。考虑到受访对象分别为家长和学生，两个群体对学习的参与度不同，认知水平和表达能力皆有差异，笔者分别设计了针对家长的访谈话题和针对学生的访谈话题。作为家长，主要参与孩子的课前学习和课后学习，因此在家长访谈中主要设计和课前预习以及课后知识掌握情况相关的话题。主要了解学生的课前预习情况和课后知识掌握情况话题。为了获取家长对学生学习状况的感受和评价，笔者在五年级一班和五年级二班各随机选择了32名家长，通过电话访谈的形式进行交流，每次访谈控制在10分钟左右，并在征得家长同意后对电话访谈进行录音，以便后续的数据整理和分析。学生作为课堂的主要参与者，对课堂模式的变革感受是最为明显的，考虑到学生的表达能力和理解能力还不成熟，在针对学生的访谈中设计通俗易懂、便于学生表达感受的话题，且话题数量不宜过多；另外，为了对比灵动课堂模式和组合课堂模式在不同课型中的教学效果，针对学生的访谈话题将分课型调查学生的学习感受。对学生的访谈主要使用面对面交流的方式，笔者在五年级一班和二班各随机选择32名学生，利用自习时间、早午饭后的休息时间等学生课余时间进行访谈，每次访谈控制在10分钟左右，并在征得学生同意后进行录音保存。完成访谈后进行数据整理和分析，将每一个话题的反馈结果分类进行人数占比计算，以统计出一个较为直观的数据，并以表格的形式呈现。

（二）问卷调查法

问卷调查具有统一性和广泛性，因此能较为客观地反映问题。本书中的问卷调查面向东城第一小学五年级一班、二班的全体学生进行，主要目的是调查学生在教育实验前后英语学习状况的自我感受。问卷共设计问题10个，问题设计主要依据教师的教学经验，新课程标准背景下，对于小学生英语学习能力提升提出的要求，即提升学生的自主学习能力、语言表达能力、创新思维能力，问卷中的问题覆盖学生的课前预习、课堂表现、课后表现等三个维度。教育实验前进行第一次问卷调查，为确保作答的有效性，问卷在开学第一周的课堂上发放，学生随堂作答，然后回收问卷。由于研究对象是平行班的学生,因此实验开展前所进行的问卷调查针对所有研究对象开展,不进行分班调查。教育实验后,为了更加准确地观察教育实验效果,问卷调查分别在一班和二班进行。在完成一学期的教育实验后进行第二次问卷调查,为了确保学生作答有效率,依然在课堂上发放问卷,学生随堂完成问卷后回收问卷。最后对问卷结果进行统计分析,对每一题的选项进行人数占比计算,以表格的形式呈现数据。

(三)教育实验法

教育实验能从实验数据中给研究者以直观、客观的参考。本书以日常教学工作为实验基础,在两个平行班进行教育实验。教育实验前,先对研究对象的听写情况、课文背诵情况、习题准确率等进行数据收集。在教育实验中,对五年级一班采用灵动课堂模式进行授课,在所有课型下均以导学案为指导,按照"独学—对学—群学"的流程进行课堂教学;对五年级二班采用组合课堂模式进行授课,即词汇课和复习课以灵动课堂的模式为基础,少量加入教师讲授,会话课和语法课以传统课堂为基础,先由教师进行难点知识讲授,之后在操练环节加入灵动课堂中的学生自主练习活动,最后在知识总结部分,师生互动,一起完成知识梳理。教育实验后,对学生的听写情况、背诵课文情况、习题准确率等数据进行收集,并对实验前后的数据进行整理分析。对于学生听写情况,以每一单元学习后的单词听写情况为基础数据,共计六个单元,计算学生的平均准确率,并以饼状图形式呈现。关于学生课文背诵情况,以每单元两篇,共计十二篇课文的背诵情况为基础数据,通过饼状图呈现数据。关于习题准确率,以每一单元的总结性习题为基础数据,计算学生的平均准确率,并统计不同准确率在不同区域的人数,以柱状图形式呈现。最后对比教育实验前后的数据进行结果分析。

第三节 基于灵动课堂教学的总结与反思

综合来讲,在新课程标准的背景下,各门课程都面临着课程教学方法和思路的转变与改革。小学阶段的英语课程教学不仅在课程教学的难度上相对较大,其课程本身就体现出一定的特殊性,单一的传统教学方式在实际应用中的适宜性会有所下降。这也是新的教学模式得以提出和应用的重要契机。从本质上来说,教学过程是教师和学生之间达成有效互动的重要过程。尤其是对于小学生而言,只有在教学过程中互动的有效性更高,学生对于所学内容的兴趣才会更大。本书的研究过程,也是一个学习和探索的过程,在研究中笔者更加明晰了灵动课堂的优势和特征,并且初步探寻到了在英语课堂中最大化发挥这一课堂教学模式作用的有效教学模式。

一、主要研究发现

通过采用实地访谈和问卷调查的方法,笔者以收集来自学生和家长两方面的问卷调查结果作为本次研究的数据支撑。研究发现,两种课堂模式都在一定程度上对学生的英语学习有所助益,改善了以往课堂中平铺直叙多,创设情境少,教学导入无悬念、无疑惑、无问题、无情境,简单直接,很少关注学生的兴趣,需要和新旧知识衔接与铺垫,不能很好地激发学生学习的欲望这一状况。在这两种课堂模式下,教师教学中的一些问题也得到了改善,如教师讲得多,学生活动少。教师的讲解充斥课堂,老师以讲得好为最大满足,很少关注学生的感受、体验和需求,忽视了学生思考的过程、说的过程和写的过程,多是依靠课后的强化训练和重复操练来加以巩固,加重了学生的学习负担。课堂也不再像以往的课堂一样,低效互动多,目标落实少。教师在课堂教学的追求上不再只关注形式互动,追求表面上的课堂活跃,气氛热烈,而忽视活动的效益和及时反馈矫正。除了在课堂教学中的变化,在作业布置上,也不再采取以往的机械化的方式,重复作业多,分层布置少。以前由于教师对每一个学生的认知水平和认知特点了解和研究得不够深入全面,作业设计不科学,缺乏针对性和有效性。

巩固练习和整齐划一的作业多,启发学生思考、发展学生思维、培养学生能力和分层分类选择的作业少。只是一味依靠题海战术的方式来提高成绩。教育实验中,教师更能关注到个体的差异,有层次、有区别、有目的地布置作业。学生在课堂上的参与度和活跃度也有了一定程度的提升,在一些较为简单的课堂活动中,几乎可以做到全员参与。在一些略有难度的课堂活动中也可以看到学生的进步;从一开始的很难用英语完成活动到部分同学可以较为流利地用英语完成课堂活动。学生开口说英语的积极性也有所提升。日常的学习生活中,遇到老师会使用所学知识和老师进行一些口语交际。除了这些积极的变化之外,研究也发现了一些存在的问题。较为明显的是使用灵动课堂模式进行授课的五年级一班学生两极分化趋势明显,后进生人数增多,且有部分学生出现厌学情绪和对英语的抵触情绪。课堂纪律相比之前较为松散,个别学生在课堂中自由散漫。

二、灵动课堂对于学生学习兴趣的激发

学习和思考一个问题,都是从注意开始的。如果主体注意了某个事物,在大脑皮层的有关区域就产生了优势兴奋中心,这样就能对某个事物获得清晰的反映。同时由于兴奋与抑制的相互诱导作用,使大脑皮层其他区域内所受的刺激受到抑制,从而使思维围绕某个事物而展开。

注意和兴趣是密切联系的。兴趣是人们爱好某种活动或力求认识某种事物的倾向。学习兴趣则是学生对学习活动和学习对象的一种力求趋近或认识的倾向。心理学家认为,学习兴趣对学习具有下述功能:第一,将注意力优先指向学生感兴趣的对象;第二,能让学生排除其他的干扰,集中注意力于感兴趣的事物;第三,能让学生积极主动地学习。由此可见,要能集中学生的注意,促进学生主动地学习,激发学生的学习兴趣是十分重要的。我国古代教育家孔子说过,"知之者不如好之者,好之者不如乐之者",苏联的奥加涅相也说,"数学教学的成就,很大程度上取决于学生对于数学课的兴趣是否能保持和发展[1]"。这些论述都阐明了激发与培养学生的学习兴趣的重要性。

---

[1] 刘庆昌.夸美纽斯《大教学论》中的知识组织学[J].陕西师范大学学报(哲学社会科学版),2021,50(06):105-125.

（一）激起学生学习的欲望

兴趣是倾向于认识、研究、获得某种事物的心理特征。兴趣来自需要。在学习过程中，如果学生对某种知识产生了一种急于了解的心情，就会引起一种学习的欲望而产生对学习某种知识的兴趣。在教学过程中，如果教师能设法引起学生对学习新知识的欲望，就会激起学生对新知识的兴趣和注意。

（二）引起认知冲突

认知冲突是一个人的已有知识和经验与当前面临的情境之间的冲突或差别，这种认知冲突会引起人们的新奇和惊愕，并引起他们的注意、关心和探索行为。心理学的研究表明，如果学习者已有的知识经验和新的学习任务之间具有中等程度的分歧、不一致或差距时，对动员学生的注意最为有效，特别是在学生对他所知道的东西有感到不足的情况下，更是如此[1]。用皮亚杰的话说，"如果新的学习任务需要儿童自己先做出某种程度的顺应——已有图式不完全适合于理解或解决问题，而需要加以细微变更，然后才能进行同化，那么，这些新任务对儿童来说，最富有吸引力[2]"。引起认知冲突的方法主要有以下两种。

1.揭露学生原有认识上的片面性和不完整性

引起认知冲突常用的方法是揭露学生原有认识上的片面性和不完整性。当学生发现他们原有认识是不完整的或错误的时，就会迫切要求获得正确的、完整的认识。

学生的认知发展就是观念上的平衡状态不断遭遇破坏，并不断达到新的平衡状态的过程。在学习过程中，学生如果发现教师呈现的问题与他们原有的认知相矛盾时，就会引起惊奇而产生力求理解的欲望。因此，在教学中，教师可通过揭露学生原有认知上的片面性和不完整性来引发学生的认知冲突，并使学生产生要努力通过新的学习活动达到新的、更高水平的平衡的冲动。

2.呈现给学生与他们已有认识相互矛盾的现象

通过呈现给学生与他们已有认识相互矛盾的现象，引起认知冲突。

---

[1]王万清.浅谈中学数学教学的创新思维培养[J].新西部(理论版),2017(02):135+51.
[2]刘艳杰.基于数学模型思想的小学数学问题解决教学设计研究[D].南京:南京师范大学,2020:22-23.

3.利用学生直觉与逻辑推理上的差距引发认知冲突

意大利哲学家、美学家贝奈戴托·克罗齐指出,人的知识有两种,一种是直觉的,一种是逻辑的。前者是从想象得来的,后者是从理智得来的。[1]而认知冲突常常产生于与科学概念相异的构想上。因此,在数学教学中,教师可以抓住学生在直觉与逻辑推理之间的差异来引发学生的认知冲突,培养学生思维的逻辑性。如线段长度的比较一课中,教师可以利用学生的感官与现实的差距,先让学生们用眼睛目测线段的长度,得出哪条线段最长、哪条线段最短的结论,然后让学生们用尺子直接度量,得出与学生们眼睛所观察的结果完全相反的结论,使学生们产生认知冲突,从而对此节课的知识点兴趣盎然,印象深刻。

(三)引起"心理紧张"

"心理紧张"是学习目标与已有知识、经验发生冲突时的心理状态。如果学习者的心目中有一个或几个目标,但他又不能发现直接达到这些目标的畅通途径时,就会产生一种困惑、不安、紧张的状态。这种状态一直延续到找到通达的途径,问题获得解决才消退。一旦问题解决,学生就会体验到智力劳动的愉快,发现自己的智力价值,获得心理上的满足,学习兴趣也由此而产生。这正如波利亚所说的那样,数学教师"如果他把分配给他的时间塞满了例行运算来训练他的学生,他就扼杀了学生的兴趣,妨碍了他们的智力发展,从而错用了他的机会。但是,如果他给他的学生以适合他们程度的问题去引起他们的好奇心,并且用一些吸引人的问题来帮助他们解题,他就会引起学生们对独立思考的兴趣,并教给他们一些方法[2]。"因此,一个教师绝不能把课本的知识硬灌给学生,而是要向学生的智力挑战,要将所学的知识组成不同的智力阶梯,让学生通过攀登,使自己的原有水平向学习目标靠拢。那么,怎样的问题才能引起学生的"心理紧张"呢?

其一,问题有价值,具有思考性。

其二,问题有一定的难度,但通过努力可以获得解决。

如果问题简单,是复现、背诵式的问题,就不会引起"困惑、不安和紧

---

[1]贝奈戴托·克罗齐著.作为思想和行动的历史[M].北京:商务印书馆,2017:52-53.
[2]蒋梦霞,马文杰.在初中数学教学中渗透数学思想方法的研究[J].台州学院学报,2017,39(03):71-75.

张"。如果问题难度太大,也不会引起"心理紧张",而容易使学生处于"无动于衷"的状态。

例如,学生由做错或不会做,到知道做错,再到了解怎样来比较有理数的大小。在这样由错到对的进程中,就会引起对有理数学习的兴趣。

(四)保持刺激的新颖性和变化

刺激的新颖性能引起学生的好奇心,刺激的变化能引起学生的新鲜感。在教学过程中,如果能经常保持刺激的新颖性和变化,就能激起学生的学习兴趣,引起学生的注意、关心和探索行为。

在灵动课堂教学中,选用新颖的、活动的教具,采用生动形象的语言,采取鲜明的对比,采用多种教学形式等,都有利于刺激的新颖性和变化的保持。

1.采取多种形式进行教学

心理学的研究表明,一个人在单调的环境中待的时间越长,越容易感到烦闷和厌倦。因此,我们绝不能把教学活动固定在这个模式之中,而应采取多种形式来进行,教师应根据教学的目的、教材内容和学生特点的不同,对教学形式做出相应的变化。从师生活动的形式来看,可以由学生自学、小组讨论、教师的讲解交换进行,可以将独自操作、独立作业、实验演示等多种形式穿插安排。在可能的条件下,配以现代化教学手段和设备的使用,使学生在一个生动活泼而又有一定压力的环境中学习。

2.采取生动形象、深入浅出的教学方法

从现实生活中引出令人深思的问题,采取生动形象、深入浅出的讲课方法,能唤起学生的学习兴趣。

(五)教师输入的信息量要与学生加工信息的能力相协调

教学过程是一个信息的传递、加工、储存、输出的过程。在教学过程中,能否引起学生的兴趣和注意与输入的信息量是否恰当有关。如果外界输入的信息量超过了学生对信息的加工水平,其就会产生恐惧、回避或疲劳的感觉,如果外界输入的信息量低于学生对信息的加工水平,其便会产生烦闷和厌倦的情绪。只有当输入的信息量正好达到他们加工信息的最佳水平时,才能唤起学生的兴趣和注意。

在教学过程中,怎样才能使输入的信息量达到最佳水平呢?

1.教学内容的深浅要适当

教学内容的深浅是否适当与能否引起学生的兴趣和注意有关,教学内容如果浅了,学生感到没有获得什么新知识,他就不感兴趣,如果内容太深,学生听不懂,也同样不会感兴趣。只有内容深浅适当,学生既能接受,又有所收获,才会引起学习的兴趣。

2.讲课的速度要适当

教师讲课的速度既不能太快,又不能太慢。如果太快,学生的思路跟不上,听课感到吃力,会出现紧张与疲劳;如果太慢,在他们的意识中就会出现一些与学习无关的思想,注意力会分散,只有当讲课的速度与学生的思维活动相适应时,教学内容充分占有学生的意识时,才能引起学生的兴趣和集中学生的注意。

3.教材的重点与难点的安排要适当

学习是一种艰巨的劳动,教学中的重点、难点需要学生努力去观察、思考才能掌握和突破。如果在教学内容的安排上,重点、难点过分集中,就会使学生的脑力消耗过多而引起疲劳。

对于水平不齐的班级,采取统一要求和统一步调是难以做到内容的深浅适当的。满足了水平较高的学生,水平低的学生"吃不了",满足了水平低的学生,水平高的学生"吃不饱"。同时由于认知水平的差异,讲课的速度也难以做到适当。讲快了,水平差的跟不上;讲慢了,水平高的学生"干着急"。因此,对这种"水平"不齐的班级,就要在班级授课制下采取分层次的教学,才会收到较好的效果。

三、灵动课堂提供的思维素材

思维要经过对有关材料进行分析、综合、比较、抽象概括等过程来实现。如果没有一定的思维材料为基础,间接的、概括的认识就难以实现。

思维材料分为两类:一类是感性的材料,它是依靠具体表象来进行思维的材料;另一种是理性的材料,它是依靠概念、判断和推理等基本的思维形式来进行思维的材料。当学生的思维还处于具体形象思维活动的水平时,思维材料以感性的材料为主,当学生的思维已从具体形象成分占主导地位过渡到以逻辑抽象成分占主导地位时,思维材料应以理性材料为主。

思维材料是否丰富、典型、正确,将直接影响到思维活动能否顺利地、正确地进行。因此,有经验的教师十分重视对思维材料的选择。那么,在数学教学中,怎样向学生提供思维材料呢?

(一)通过语言直观勾画出学生已有的表象

对某些知识,如果学生在日常生活和学习中已经获得比较丰富的感性知识,在教学中,可通过语言引起学生的回忆,使有关事物的表象在记忆中得以恢复,作为理解知识的基础,在通过语言直观勾画出学生已有的表象时,应注意表象的完整性、稳定性、鲜明性和正确性。

(二)通过实物、模像直观,形成学生鲜明的表象

如果学生所学的感性知识不丰富,教师应组织学生对实物、模型、教具、图表等进行观察,形成知觉。在组织学生对实物、模型进行观察时应注意以下三点。

1.要采取变式

直观材料往往具有片面性。因此,在组织学生对实物、模型进行观察时,要采用变式,如变换实物、模型的大小、形状、位置以及实物或模型之间的相互关系等,使观察对象的非本质属性得到变异。如果不采用变式或变式用得不充分、不正确,就会引起两种错误:不合理地缩小概念的内涵或不合理地扩大概念的内涵。

2.采用活动的教具、模型加以突出

在复合刺激物中,弱的组成部分常被强的组成部分所抑制,这些弱的组成部分虽然还是参与在刺激物的反映之中,但它们像是知觉背景,而不能获得清晰的反映。因此,在组织学生观察模型、教具时,对学生容易忽略但又是极其重要的特性,应尽量采取活动教具、活动模型加以突出。

3.尽可能使学生用多种感官参加活动

人们的不同感官从不同的角度将事物反映到大脑皮层。在感知过程中,如果多种感觉器官参加活动,就能提高感知的效果。因此在组织学生对实物、模型进行观察时,应尽可能使他们的视觉、听觉、触觉、运动觉等感官都来参加,以此来提高感知的效果。

(三)通过演示实验向学生提供思维材料

在数学教学中如果通过演示实验来提供思维材料,不仅可以引起学生的学习兴趣,还可以使学生获得清晰的反映,因此,如有条件应尽量采用。

在针对"直角坐标系"进行数学实验设计时,教师可以让学生对自己家的位置进行坐标系定位式描述,也可以在教室中用直角坐标系的方式写出一个位置,让学生通过最快的方式找到这个位置。教师在对学生进行学习指导时,一定要注意自己的方式方法,要通过引导式的方法帮助他们自己想出答案,而不能直接给出答案。另外,设计的实验方案一定要符合学生的年龄特点,要贴近他们的生活和认知,切忌问题不能过难,那样非常容易让学生失去兴趣和信心。

(四)通过形象化的语言对事物进行描述

有些知识给学生的感性材料并不丰富,而且采用实物或模像直观也有困难。此时,可通过形象化的语言对事物进行描述,激发学生的想象,以形成对某一事物的想象。

(五)通过复习旧知识为新知识提供思维材料

理性的材料,它是依靠概念、判断和推理等基本的思维形式来进行思维的材料。这一类思维材料属于抽象的材料,这些理性材料是在感知新课题的条件与问题的基础上通过联想而得到的。但是学生在解决新课题时,往往由于有关知识巩固程度不够,再现的知识并不是所必需的,有些甚至会导致错误,这样就会使思维受阻。因此,在学习新课时,为了帮助学生顺利地再现所学知识,可采取适当复习旧知识的方法为新知识的学习提供思维材料。在通过复习旧知为新知提供思维材料时,如果这些材料是通过自己动手得到的,那么他们对这些材料的印象就更会加清晰、完整。因此提供有关的理性材料时,应尽可能由学生在复习旧知识的基础上,自己动手而得到。

(六)通过与新知识有关的问题的解决来提供思维材料

对于有些新知识,学生过去缺乏这方面的认识,学习时常常产生困难。为了克服学习中的困难,可让学生先解决一些与新知识有关的问题,使他们在解决这些问题的过程中获得初步的认识和经验,为理解新知识打好基础。

四、灵动课堂利于排除思维障碍

学生在学习过程中常因缺乏必要的基础知识,课题中隐含的条件没有发现,问题中的关键特征被其他因素所掩盖,以及其他心理因素的影响而使思维受阻,此时,教师就要设法帮助学生排除思维障碍,使他们的思维活动得以顺利进行。在教学上,如果忽视学生学习上所产生的困难,不及时帮助他们排除学习上的障碍,方法再好,也只能落得个"启而不发"的结果。

(一)架设"认知桥梁"

现代认知心理学派认为,学习是认知结构的组织与重新组织。学习变化的实质就是有内在逻辑结构的教材与学生原有认知结构关联起来,新旧知识发生相互作用,新材料在学习者头脑中获得了新的意义。现代认知心理学派的代表人物之一的戴维·保罗·奥苏贝尔[1]提出,符号代表的新观念能否与学习者认知结构中原有的适当观念建立实质性的和非人为的联系,乃是区分有意义学习与机械学习的标准,并提出了三个主要影响有意义学习与保持的认知结构变量。

1.认知结构中是否有适当的、起固定作用的观念可以利用

如果认知结构里没有适当的、起固定作用的观念可以用来同化新知识,那么,唯一的办法就是机械学习。

2.原有起固定作用的观念是否稳定和清晰

如果认知结构中起固定作用的观念不稳定而且模糊不清,它不仅不能为新的学习提供适当的关系和有力的固定点,而且会影响新的观念与原有观念的可辨程度。

3.新的、潜在有意义的学习任务与同化它的原有的观念系统的可辨程度

如果新的学习任务不能同认知结构中原有的观念清楚地被分辨,那么新获得的意义的最初可分离强度就很低,这种很低的分离强度很快就会丧失新的意义,并被原有的稳定的意义所代替。奥苏伯尔的研究表明,在学习过程中,学生原有认知结构中是否有适当的用以同化新知识的观念,这些观念是否稳定、清晰以及新知识与学生已有认知结构中的知识的可辨程度如何,都会直接影响到学生学习的顺利进行。因此,在教学中,教师对学生原有的知识情况应该有充分的了解,如果学生认知结构里缺乏同化新知识的观念,或者原有的观念不稳定、不清晰,那么,教师就要帮助他们架

---

[1] 戴维·保罗·奥苏贝尔. 意义学习新论获得与保持知识的认知观[M]. 毛伟,译. 杭州:浙江教育出版社, 2018:52-53.

设"认知桥梁",使他们的学习能顺利有效地进行。"认知桥梁"一般分为两类:一类是为新知识提供最佳的固定点;一类是增加新旧知识之间的可辨程度。在数学教学中,架设"认知桥梁"常通过复习旧知、对照比较、问题讨论、增添辅助命题、降低学习坡度等方法来进行。

(二)破除学习上的难点

教材的难点往往是由于学生的认识能力、接受水平与新知识之间存在的矛盾所造成的。在学习过程中,如果教师不能帮助学生破除这些难点,那么,思维就不能顺利地展开,学习就不能很好地进行。

研究和解决教材中的难点,首先要研究其困难的原因,是抽象引起的困难,还是内容繁杂造成的困难;是由于认识水平不够产生的困难,还是缺乏某些知识而产生的困难……对于不同的困难,应采取不同的方法来处理,由于抽象造成的困难,就要设法使之具体化,尽量采用感性较强的例子去说明。如果是内容复杂造成的困难,就要设法将复杂的问题化成几个简单的问题来解决。如果是由于认识水平低而产生的困难,就要注意提高学生的认知水平。如果是由于缺乏某些知识而产生的困难,就应该设法予以补充。如果是由于结构繁杂而引起的困难,则应该帮助学生将层次分清。

(三)排除学习上的心理障碍

学生在学习过程中往往会由于某种原因而发生心理障碍,影响思维活动的顺利进行。如在课题类化的过程中,学生往往因为一些无关因素的干扰,找不到课题与学过的公式、法则之间的本质联系,从而使课题类化发生困难。在概念学习时,由于直观因素的影响,而引起不合理的缩小概念的内涵或不合理的扩大概念的内涵的现象。为了让学生熟悉公式、法则而进行反复练习,此时其也会产生思维的"惰性",发生"功能的僵化性",造成对某个公式、法则只看到其固有的用法,看不到其变通的作用。在用符号或式子表示概念或概念之间的联系时,常常受到形式的束缚而忽略符号或式子所代表的实际意义。由于公式一般是从左到右推得的,受思维"惰性"的影响,在运用时学生也习惯于从左到右地应用,而对公式的逆应用不习惯。学生的"学习心向"与所要解决的课题不相适应,造成"定式"对学习的干扰作用,等等。在学习过程中,如果教师不及时地帮助学生排除这些心理障碍,那么,学习就不可能顺利地进行。在教学过程中,对于不同的心理障碍要采取不同的方法来解决。例如对课题类化过程中容易受无关因素的干扰和受到符号、式子的形式束缚的问题,应主要通过提高已有知识的概括水平,注意概括的准确性、一般性,以及防止符号形式与语义内容脱节等方面来解决;对于直观因素的影响而造成的概念模糊,应注意通过变式使非本质特征得到变异来解决;等等。

五、研究结论及局限性

灵动课堂教学模式的引入应用如采取独立引入应用的方式,在实际教学效果上存在一定问题。由于这种教学模式在实际应用中需要花在预习阶段的时间较多,因此,在教学中的实践难度相对较大。另外,研究结果显示,在英语的语法和会话课课程教学阶段,独立应用灵动课堂教学模式效果显著性不高,如能适当结合传统教学模式组合应用,在教学开展前期由教师针对这两部分课程教学难点给学生一定的引导,则可能取得更好的教学效果。另外,从学生自身的角度出发观察,灵动课堂教学模式对于学习能力和学习成绩处在较高水平层次上的学生来讲能够取得更好的教学效果,对于学习能力和成绩中等或相对较差的学生来讲,利用组合教学模式的实际效果更佳。关于本书研究的局限性,由于所抽取的样本数量有限,且对于灵动课堂教学模式的应用方式在实际中仍然需要不断完善和探索,因此研究结论在普适性上和准确性上仍然有待提升和加强。

(一)基于灵动课堂教学有效性的结论

从研究方法的角度出发,本书首先分别运用问卷调查法和访谈法面向学生和家长进行了问卷调查,力求获取最真实的、来源于学生和家长两方面对于新的教学模式实施效果的反馈意见。从学生的角度上来讲,这也体现出对小学生主观学习需求的尊重,符合"立德树人"这一新时期教育工作开展的本质要求。另外,这也有利于教师切实了解学生在英语学习中存在的实际问题,为其进一步优化和调整新的教学模式的应用方法提供参考。从整体上来讲,新的教学模式的应用对于激发学生的主观兴趣,提升学生的英语学习质量有一定的促进作用。从本校的应用实际出发来观察,虽然语文与数学课程在实际中都通过独立应用灵动课堂模式开展教学取得了一定的成效,但由于英语课程的内容结构和学习要求上的差异,不同的课程内容在统一应用灵动课堂模式开展教学的过程中存在实际效果差异性较大的现象。另外,新的教学模式对于教师的教学组织能力和学生自主学习能力都提出了一定程度的要求,因此,在实际应用中,如独立应用这种教学模式,从宏观上来讲,整体性教学效果存在保障程度有限的现象。在实际应用中,要想充分发挥这种教学模式的优势,需要教师从实际出发,按照不同的课程教学内容将传统教学模式和灵动课堂教学模式进行融合应用,方可取得一些效果,从数据统计结果角度分析,可见教师在教授英语词汇以及整体的复习课程时,可将教学中的主动权交给学生,适当在这些教学阶段独立应用灵动课堂教学模式,但在讲求专业性和实践性的语法内容以及口语交际内容的课程教学时,需要先利用传统的教学方式将语法知识点以及口语交际中语法的正确应用方式等内容传递给学生,帮助学生进行明确,随后再结合应用灵动课堂教学模式,力求将教学有效性提升到最大化的程度。酌情结合应用的策略对于教师的教学工作开展提出了一定的要求,教师需要从自身素质水平、教学方法的组织运用以及与学生和家长的沟通等多个方面入手找到科学的教学组织模式,力求取长补短,用两种教学方式结合的模式取得最好的教学效果。

(二)基于灵动课堂教学模式应用的建议

灵动课堂教学模式是新课标背景下产生的一种新的教学模式,其与小学英语课堂教学的融合本身也属于一种教学中的探索和创新。基于本书的研究结果可知,要想取得更好的传统课堂与灵动课堂结合应用的效果,教师在教学开展的过程中就需要从以下几个方面不断完善和提升。

灵动课堂教学模式的应用在小学英语课程的教学过程中属于一种新的尝试,目的是取得更好的教学效果。基于这种教学模式的新颖性和先进性,在实际应用这种教学模式时,需要结合具体的科目种类和课程内容,就本书探讨的灵动课堂教学模式来讲,目前我校已经在数学和语文课程的教学中应用了这种教学模式,但在英语课程的教学中,这种教学模式的应用仍然在讨论和尝试阶段。经过本书的分析,笔者发现了实际中学生和家长反馈出来的多种不同类型的问题,同时也看到了这种课堂教学模式所体现出来的部分优势。

在上文的问题研究中已经发现,在传统课堂教学模式下小学英语的课堂教学模式在实际应用中存在问题的原因主要来源于学生、教师和家长三个方面。因此,除了在教学策略上拟定采用灵动课堂教学模式与传统课堂教学模式结合的整体策略外,为了提升组合教学模式的实际应用效果,下文提出三点未来建议。①教师方面。应当结合新的教学目标和要求以及小学阶段学生的英语学习需求和特点,在个人的教学能力素质和教学方法的新颖性上进行调整和加强,力求在将传统的课堂教学模式与灵动课堂进行组合应用时取得更好的效果。②学生方面。应当积极听取教师的意见和建议,在英语学习过程中,跟随教师的引导,大胆地提出学习中遇到的问题,通过与同学以及教师共同探讨的方式找到提升个人英语学习成绩的方法,从而达到提升学习能力的目的。③家长方面。应当重视与英语教师的沟通交流,及时将学生在家庭环境中的英语课程预习、复习以及完成作业的情况向老师进行反馈,通过提高家长与老师沟通的有效性,为更及时地找到孩子在学习中遇到的问题,并及时采取措施进行调整和改善提供支持。

总的来讲,灵动课堂这种新的教学模式的引入应用对于学生、教师和家长来讲都是一种新的尝试,不仅学生需要逐步接受和适应,更需要教师和家长在具体的课程教学执行中相互配合,结合现阶段存在的问题不断完善和优化。只有找到适当的切入点,灵活或融合应用灵动课堂模式,才能保证将这种新的教学模式的优势最大化地发挥出来。

第四章 基于整体育人理念的灵动课堂总体设想及方案

为了改变教师的教学观念,转变教师的教学行为方式,还学生自主学习的时间,激发学生自主学习的积极性,提高学生自主学习的能力,有效提升学生的学习品质,切实提高课堂教学效益,根据实际情况在全校开展深化课程改革,构建灵动课堂实践研究活动,形成具有我校特色的课堂教学模式——"以学定导,多元互动"的灵动课堂教学模式。

第一节 指导思想

以《中共中央国务院关于深化教育改革全面推进素质教育的决定》和教育部印发的《关于基础教育改革与发展的决定》《基础教育课程改革纲要(试行)》为指导,进一步深化基础教育课程改革,规范课程实施行为,推进素质教育的深入实施;以科学发展观为根本指导,以灵动课堂创建活动为载体,以强化校本研训为主要抓手,以提高教学效率为根本目的,以全面提高教师队伍素质和教育质量为奋斗目标,遵循教育规律和学生成长规律,培养学生的创新精神和实践能力,培养学生终身学习的愿望和能力,为培养德智体美劳全面发展的社会主义事业的建设者和接班人奠定基础。坚持"全面分析、准确定位、重点突破、全面提升"的工作思路,积极稳妥地打造"以学定导,多元互动"灵动课堂教学模式,把质量建设进一步引向深入。

一、坚持以学生为本

以往的教学模式比较看重对于学生的知识性教育,也就是教师在讲台上讲,学生在下面听,教师占据课堂的主导地位,学生只能被动地接受知识。这个过程中学生与教师之间是明显缺少交流和沟通的,导致学生的主动性比较差,难以获得素质的真正提升。而在新课改背景下,则要求将学生放在主体位置,教师则起到帮助和引导的作用,并且要以促进学生的素质能力全面发展为目标,让学生尽可能多地拥有一些独立思考的时间。也就是说,在当前阶段,初中数学中构建灵动课堂首先要做的就是让学生成为课堂的主人,真正结合学生实际需求进行教学设计,从而满足学生需求。

二、坚持个性化教学

例如,教师在数学教学中,可以通过设置问卷的方式对学生思维中缺失的方面进行分析并总结,以便更好地进行教学设计。学生的数学分析能力和逻辑分析能力都是不同的,要想让所有学生都得到提升那么就一定要做到全面引起学生的注意力,并深入挖掘每一个学生的潜能。因此教师在教学中要坚持实施个性化教学方法,针对不同的学生设计不同的目标,让所有学生都能在原有基础上得到提升并形成自己的思维方式。学生良好的思维品质并不是数学学科单独培养就能形成的,因此日常教学中还需要结合学生情况积极地与其他学科之间联系起来,从而多角度对学生的核心素养进行构建。

三、推动思维创新

对于小学阶段的学生来说,虽然在思维上已经得到了一定程度的成长与发展,但是主要还是停留在感性与形象阶段,但是小学阶段也是对学生理性思维和抽象能力进行培养的非常重要的时期。要想对学生的核心素养进行培养,需要先转变传统的方式,使用更加多样化的策略,给予学生更多的鼓励和思考,使其思维得到拓展。

四、转变思想理念

如果想要构建一个灵动的课堂,并培养学生自身的核心素养,那么就需要先转变以往的思想理念。曾经有学者认为,在教学上应当尽量淡化形式,更加重视教学的实质,而这也要求教师能够在教学中明确自身教学目标,不断完成教学改革工作。所以,在实际教学中教师应当对核心素养培养给予高度重视,并围绕新课改制定教学目标,使教学工作能够获得更为理想的效果,并形成灵动课堂。由于思想理念决定了教师自身的行为,而教师又是课堂教学中的主体之一,需要教师能够在此方面上不断加以转变。数学教学不仅是讲解基础的理论知识,更为重要的在于培养学生的思维能力,在实际教学中应当采用更为灵活的方法,以便在一定程度上提升数学教学效果。而学生在灵动课堂中拥有更加浓厚的学习兴趣,能够积极投入课堂学习中,对于提升其学习效率能够起到积极作用。

五、现代学习理论

行为主义学习理论认为,学习的本质是在一个特定的刺激与一个特定的反应之间建立联系的过程,并强调这种联系的强化和维持。美国心理学家——约翰·华生在20世纪初创立了行为主义学习理论,他认为人类的行为都是后天习得的,环境决定了一个人的行为模式,无论是正常的行为还是病态的行为,都是经过学习而获得的,也可以通过学习而更改、增加或消除[1]。伯尔赫斯·弗雷德里克·斯金纳[2]更是将行为主义学习理论推向了高峰,他认为心理学所关心的是可以观察到外表的行为,而不是行为的内部机制,把研究的任务确定为寻找实验者控制的刺激,继之而来,有机体反应之间的函数关系。

行为主义学习理论重视客观行为与强化的观点等思想对教学设计产生了极其深远的影响,但是行为主义理论把学习看成是机械的、被动的,否认人的主观能动性,使得这个理论日渐苍白,20世纪60年代末期到20世纪70年代这一时期,行为主义学习理论渐渐被认知主义学习理论所取代。

认知主义学习理论以布鲁纳的发现学习、奥苏伯尔的意义学习、布鲁姆的掌握学习、加涅的累积学习为理论基础,认为自我意识对学习有重大的、不可忽视的作用,应当将心理过程和外显行为结合起来研究。美国当代著名的认知心理学家杰罗姆·布鲁纳[3]认为:学习就是人们利用已有的认知结构,对新的知识经验进行加工改造并主动形成新的认知结构的过程,所以,他认为学生不是被动的知识接受者而是积极的信息加工者。加涅的累积学习理论也称为学习的层次理论,他采用信息加工模式,把学习的信息加工过程分解成八个阶段:动机、领会、习得、保持、回忆、概括、作

---

[1] 林承明. 中学数学教学的理论思考[J]. 黑河学刊,2016(05):155-156.
[2] 斯金纳. 学习是一门科学,而教学是一种艺术[J]. 早期教育(教师版),2009(12):1.
[3] 杰罗姆·布鲁纳. 布鲁纳教育文化观[M]. 北京:首都师范大学出版社,2011:85-86.

业、反馈。并把教学过程中的各项工作与其一一对应起来,强调教师的指导作用。

建构主义学习理论认为学习是个体基于已有的学习基础,在一定的情境下,通过主体和客体之间的互动,积极主动地构建个人心理意义的过程,即强调学生的认知主体作用和教师的指导作用,是认知主义的进一步发展。进入20世纪90年代后,建构主义思潮迅速流行,建构主义教学设计强调以学生为中心,注重教学中师生之间、生生之间的互相作用。

人本主义学习理论以马斯洛和罗杰斯为代表,认为教育的作用只在于提供一个安全、自由、充满情意的心理环境,认为人的潜能是自我可以实现的,而不是教育的作用,所以坚持人本主义:教学目标——自我实现,教学过程——自由发展,教学原则——真诚、信任和理解。教师要以这些教学理论为指导,结合教学工作实践,才能从根本上理解教学的本质,这些理论为教学设计提供了直接的理论支持。

第二节 组织机构

为加强领导,保证活动顺利开展并取得显著成效,成立由校长及全体教师组成的工作领导小组。[①]

一、督查组

督查组的构成如下。
组长:校长,全面策划、指导课改工作。
副组长:教学副校长。
课改教学教研活动的策划及督查:德育副校长。
课改校园文化建设、学生自主管理等:后勤副校长。
课改后勤保障、经费支持等:专职副书记。

二、考评组

组长:教学副校长,负责课改教学教研活动的日常督查。

---

① 秦伟.浅谈新课程改革下"灵动"课堂教学实践探索[J].科学咨询(教育科研),2016(08):69.

副组长：教导主任。

负责课改教学流程的实施、导学案审核及活动组织等：德育主任。

负责课改班级文化建设、学生自主管理的实施、考评等：总务主任。

负责课改后勤保障等：校办主任，负责课改培训、观摩、交流等接待工作。

成员：教研组长、全体教师，具体实践灵动课堂教学模式。

第三节 工作目标

一、工作目标

构建"以学定导，多元互动"的灵动课堂模式，实现课堂教学状况的根本性改变。在创建过程中，逐步推进与灵动课堂相匹配的学习制度与管理文化的建设，积极探索切合本校实际的优质轻负的教学模式和运行机制，推动课堂教学改革的和谐发展，促进教育的均衡发展。

二、课改思路

突出一个中心：坚持全面提高教学质量，全面提高学生综合素养。

强化两项工作：建立教学常规管理制度，强化教学过程监控；建立长效管理机制，强化校本教研。

树立和落实"三种思想"："从起始年级抓起"的思想，关注教育的接受性问题；"从最后一个孩子抓起"的思想，关注教育的平等性问题；"从每个学生抓起"的思想，关注教育的全面性问题。

（一）情境导入，保护好奇心

对于学生而言，他们的好奇心是需要保护的。因为好奇心是学生思维萌发的嫩芽，是学生学习兴趣的原动力。创设适合的情境，有利于激发学生学习的好奇心。和现实生活紧密联系的学科教学承担着"回归生活"的重任，在平常的教学中，注重挖掘生活中的知识，并把它们通过不同的形式有机融合到课堂教学中，可以在激起学生好奇心的同时，让学生真切地感受到知识就在我们身边，就在我们的生活中。

(二)解放学生,构建幸福课堂

要学生有创造性,教师先要有创造性。新课改告诉我们用教材教,而不是教教材。基于教材高于教材,教学中做好教材的整合,才能实现着眼于培养学生创新意识和实践能力的理念。

1.打破教材框架

尝试改变课本知识的传授方式和顺序,摆脱教材,但不脱离教材;依托教材,但不依赖教材。根据学生特点,联系生活实际,融合教材内容,在做好教学预设的基础上,让孩子通过探究获取知识,并长时间保持较高兴致地主动接纳知识的快乐学习状态。

2.关注教学生成

生成性教学是教师在教学过程中与学生就相关课题进行平等对话,并根据课堂中的互动状态及时调整教学思路和教学行为的教学形态。可以说,在课堂上师生互动过程中,学生在课堂活动中的表现,如学生在学习过程中的表情变化、思维速度、回答问题、学习兴趣、注意力、思维方式、发表的观点、提出的问题乃至错误的回答等,都是生成性资源。[1]课堂本身就是动态的,善于利用课堂中的生成,既可以激发学生的积极性,也可以拓宽学生的知识面。

(三)关注学生,增进情感交融

关注学生,从学生的情感体验做起。我们首先要为学生创设有利于创造性产生的适宜环境,包括适宜的心理环境,给学生留有选择的余地,解除学生对答错问题的恐惧心理,鼓励学生的独立性和创新精神。质疑声音越多的课堂,必然是学生思考越多的课堂。对于那些充满着疑问的学生,我们不能忽视,不能打压,而应该机智地包容,并动态地生成。对于那些充满创造性的学生,我们要树立典型,为学生树立创造性的榜样。

三、阶段推进

通过不断探索,学校逐步形成具有自身特色的"以学定导,多元互动"灵动课堂教学模式,学校的课堂教学发生了翻天覆地的变化。课堂上,学生的精彩发言,观点碰撞,精彩展示,让大家看到了课改带来的实效和灵动;教师也真正走下讲台,成为学习的参与者、引领者;学生的求知欲和质

---
[1]吴宝英.灵动课堂的奥秘[M].上海:上海教育出版社,2018:100-101.

疑能力都在不断提升。我们深知，灵动课堂教学改革，是学校教育综合改革的中心环节和关键一步，只有紧抓这个突破口，我们的工作才能得到上级部门和广大家长的认可和支持，我们的课改也才能持续地向前推进。

灵动课堂教学改革工作，一般分为模式规范阶段、灵活运用阶段、模式创新阶段。在这之前还必须要做好几件必要的前期准备工作。

（一）提前准备阶段

1.教室布置

学校文化，说到底都是为学生服务的，能为学生成长起到潜移默化的作用，所以班级文化作为一个很重要的方面，我们也做了精心设计。首先是每个中队确定了一个师生共同认同的队名，然后学校统一给每个中队规划好了特定区域，如清洁角、展示框、学习园地、班级风采展示等，各班根据自己的特色和想法，把相关的内容在"班级风采"中填充好。我们惊喜地发现，各班老师和学生所表现出来的对文化的理解出人意料，主题鲜明、内容丰富、形式多样、特色突出，深受学生喜爱。如小火凤中队、梦想中队等等，各班的文化气息与学校"火"文化的内涵相映生辉，相得益彰。每个班级教室外墙都悬挂着班级文化建设的核心——班级文化展示栏。走进教室，我们便会发现，课桌的摆放不同了，插秧式的课桌椅围成了6人、8人小团队，每个组都有自己的组名、口号等。

俗话说："环境造就人。"在班级文化建设活动中去塑造、锻炼学生，无疑比起单一的说教效果会事半功倍，影响深远。班级的文化建设既是一种文化氛围的创建，也是对被教育者心灵的塑造。可以说有怎样的班集体文化就会培育出怎样的学生。

2.座位安排

学生座位的编排在很大程度上直接影响着学生的学习积极性和身心健康的发展，同时，对教师的上课效果和上课的气氛有一定的积极作用。另外它还从某些方面体现出班主任尊重学生、关注学生的全面发展的教育理念，它是一个班集体团结合作的凝聚剂，是一个班集体教学质量的推动器，是一个学生适应社会的奠基石。

小组座位安排按照6~8人成立小组为原则，把六张课桌并拢，六名学生分别围坐课桌的左、右、后三个方向，考虑到学生听课问题，小组面向讲台方向的位置空出。这种座位形式比较方便学生之间进行有效的互动，并通过优困生的搭配学习从而减少学困生学习的困难。它主要适合于小组中的讨论活动,使每个学生都有发言的机会。

3.训练学生

细节决定成败。在准备阶段,学生的规范化训练也是尤为重要的,比如课前口令:趴下休息,没有声音;整齐的坐姿,捧书的姿势;学习用具的摆放;等等。经过训练,为学生良好的课堂秩序与学习效率提升打下良好基础。

(二)模式规范阶段

模式规范阶段,也就是课改的初级阶段。绝大多数课改学校,在课改初期,会参照校情相近的课改名校,规划符合自己校情的教学模式,期间基本都会经历三个阶段,即模式规范阶段、灵活运用阶段、模式创新阶段。而模式规范阶段,就是老师和学生依据方案设计好的模式,按照该模式所设计的各环节和各流程组织教学、完成学习任务的阶段。这一过程,由于有了前面对教师的培训和对学生的培训,加上培训过程中的多次演练,师生应该有了一定的基础,这样总结前人的经验,吸取教训,会让我们在课改的道路上尽量少走弯路。在这个时期,我们把学校管理部门、教师和学生要做的工作以及注意的问题罗列如下。

1.管理部门

这一时期管理部门要做的工作,就是制定课堂标准,提出对教师和学生的基本要求。这些制度主要包括课堂教学和自主管理两个方面。还要及时做好检查、督促、指导工作,以确保该制度的落实。

课堂教学方面,课堂标准就是严格按照模式的各个流程组织教学。对师生的基本要求就是在该流程的各个环节,师生必须完成各自的"角色"转化,完成各自的任务。每一环节究竟用时多少,应该由教师根据课堂进程和变化,灵活掌握。这样做,更有利于学生和老师对该模式的认同。有些科目的有些问题,仅靠学生探究是远远不够的,所以老师多讲一些也未尝不可。但是如果我们的老师借此机会就大讲特讲,甚至连学生的探究、展示时间也给挤占了;或者仅仅将探究、展示作为课堂的"点缀",这就不符合课堂标准了,就必须进行严肃处理。

自主管理方面,课堂的标准就是各个小组的自主管理的运行机制顺畅,功能作用发挥正常;教师能够在课堂中初步运用班级自主管理机制,对各学习小组和个人能够及时评价打分,并督促其将评价结果纳入班级量化评价体系中;对学生的要求就是服从学习小组长的管理,且科研小组的作用也能够正常发挥。

无论是教学管理部门(教导处),还是自主管理部门(德育处),在制定课堂标准和相关要求的同时,还应该注重检查、指导和落实工作。对于课堂标准和要求不符合、顽固的我行我素者的行为要坚决地叫停,并限期整改;对模式运用不熟练,丢三落四者,则应加强指导和培训。这一时期是非常关键的时期,仅靠中层管理部门的检查是不够的,校长和主管副校长必须亲力亲为,既要做好说服教育工作,又要采取强制措施,这样课堂教学才能正常进行。

2. 教师要求

这一时期教师要坚决服从管理部门的安排,严格按照课堂标准和要求,组织课堂教学。积极参加集体备课,编写出质量较高的导学案;认真进行二次修订,力争编写出符合自己所带班级层次的个性化教学设计;课前能指导学生自主阅读教材,完成预习,并及时检查、反馈,能指导学生用好双色笔;课堂上能够熟练运用灵动课堂流程——预习检测、明确目标、自主学习、合作探究、展示点评质疑、拓展提升;能深入学生的小组合作学习之中,及时发现问题,予以引导;能在点评质疑环节,及时出手相助,帮助学生完成拓展深化有关知识;在某个环节学生出现"卡壳"时,能及时进行指导;课后对学生完成的堂测,要及时批阅和反馈。

3. 学生要求

这一时期学生要做的主要就是严格照章办事。在学习方面,要严格按照老师的安排,在独学、对学、群学、展示、点评、质疑及堂测等环节中,保质保量地完成老师交代的各项任务。特别是在展示、点评、质疑中,要积极主动参与,确保课堂能够生成、升华。在自主管理方面,作为管理者要公平、公正、主动、热情地干好自己本职的工作;作为被管理者,又能服从管理,积极完成他们交代给自己的有关任务。特别是在课堂上,学习小组长要能够真正起到组织、安排学习任务的作用,小组成员能服从其管理;学科班长或值日班长能够做好班级量化评价工作,做好对各个学习小组的考核、评价和记录工作,并将其交给值周班长纳入班级量化考核体系之中。

这一时期是课改的"初级阶段",因而也是问题最多的阶段,比如学习小组建设不到位,小组凝聚力差的问题;班级量化评价制度不够科学合理,不能起到奖优惩劣的问题;学生自主学习的意识和习惯差,不能如期完成自学任务的问题;自主学习不得法,效率低下,时间不够用的问题;对学、群学时,个别同学不参与的问题;点评、质疑胆怯,不敢面对师生,语言不流畅的问题;质疑时,容易偏离主题等一系列问题。对于学生出现的所有问题,我们在教育、指导的同时,还要加强管理和培训。

另外,教师方面、管理部门也是问题颇多,比如不相信学生的自学成果,总想面面俱到,事事包办,导致课堂时间不够用的问题;教学设计不详细,草草过流程,课堂没有深度,剩余时间过长的问题;对学、群学时,充当"看客",不能深入小组调查学情的问题;与课改唱反调,有着强烈的抵制情绪的问题;课改标准定得太高或太低,与"初级阶段"不相符的问题;个别管理人员碍于情面,隐而不报的问题;出现问题,视而不见,整改不及时的问题等。对于教师和管理人员出现的这些问题,我们除了要有针对性地进行培训外,全面彻底改变个别人的观念也是重要手段。

(三)灵活运用阶段

经过训练,老师和学生对我们预先设计的模式、流程应已经非常熟练,运用自如了。他们不仅知道教学流程的各个环节,还非常清楚每一个环节中应该做什么,怎么做,为什么这样做。灵活运用阶段,也就是课改中级阶段。我们在模仿其他学校的过程中,发现有一些并不适合我们自己的班级和学校,从而根据学生实际情况加入了自己元素的过程。这一阶段不宜太早,也不能太迟。太早,老师们还不能觉悟,不能发现模式存在的问题;太迟,则会使师生对该模式产生厌倦的心理,不利于后一阶段工作的开展。这就需要我们的课改决策人和主要推进者,经常深入课堂,准确把握课堂,适时做出调整,及时将课改工作向前推进。

1.对管理部门的要求

管理部门这一时期的主要工作,就是制定新的课程标准和要求,并做好检查、指导、落实和培训工作。

制定新的课堂标准。如果说上一阶段我们更多关注的是模式的规范运用,这一阶段我们将关注的重点放在这一模式在课堂运用过程中的动态生成问题和学生的学习质量问题上。新的课堂标准应着重考虑以下几点。

首先,教师应该有着精神饱满、干脆利落的状态,有着规范、流利的普通话和整洁规范的板书。其次,课堂展示的问题不再是学生感兴趣的问题,或不能给他们启迪智慧的问题,而是一些"典型的正确"或"典型的错误"的问题,既能引发他们兴趣,给他们启迪,又容易引出歧义和质疑的问题;课堂点评能直奔主题,切中要害,使同学们受到启发。再次,课堂有质疑,有生成。课堂上学生思维敏捷,能够多角度地思考、探究问题。然后,能达成共识;课堂质疑踊跃,能生成问题,使知识得以拓展升华。最后,学习有收获,课堂不仅加深了学生对基础知识和基本技能的理解,更使学生获得了学习方法规律的总结,体验到了学会、会学的快乐,等等。

制定新的课堂要求。课堂的要求是根据课堂标准制定的。对教师的要求,就是要他们关注自学、关注学生、关注学情、关注生成、关注总结。对学生的要求,就是要他们关注教材、关注课堂进程、关注教师指令、关注问题实质、关注学习方法。另外还要加强检查落实工作。新的课堂标准和要求的制定,是我们本阶段课改的中心工作和实现目标,所有部门、老师、学生都要向这个方向努力。这就要求我们学校的主要负责人做好部门之间的协调和培训工作;教学管理部门要做好对全体教师的过程性培训工作;同时要安排班主任和科任教师利用班会课和自主管理时间,做好对全体学生的过程性培训工作。在这一阶段,更主要的办法是模范引领和典型带动,以点带面,我们的老师会在课改实践中,创造出一个个成功的案例、一堂堂引以为傲的课,我们可以组织老师们听公开课、赛教课、领导示范课、同课异构等活动,带动更多的老师成名师、名家。

2. 对教师的要求

既然是一个提升阶段,就应对教师提出更高的要求,要求教师时刻关注导学案的提升,学生小组建设及合作学习情况,以及相呼应的考核评价机制。

在导学案方面,我们前一阶段强调的是格式规范、环节齐全;在问题的设计方面,是注重基础能力,避免量大题难的现象。也就是说,我们在前一阶段着重关注的是知识的问题化。现在进入新的课改阶段,在导学案问题设计方面,就要特别强调在继续关注知识问题化的同时,更应关注问题层次化、问题探究化、问题情境化。在这几个方面中,问题的层次化又是我们的重中之重。这就要求我们的每个老师在参加集体备课,做好导学案的一次修订后,还要根据自己所带班级层次,编写好个性化的教学设计,实现导学案的二次修订。一次修订强调同一班级问题的层次化,二次修订强调不同层次班级问题的层次化。

课堂上的小组合作、共同探究成了新课改倡导的主要的学习形式。在合作探究的课堂上,小组内根据任务或问题有组织地进行交流互助,他们为了共同的学习目标分工合作,且经常更换角色扮演。学生们在这样的小组学习过程中相互交流,相互帮助,共同分享合作的成果和成功的喜悦。这样的课堂合作中,生生之间进行的应该是没有任何障碍的情感的交流,是没有任何羁绊的心灵的沟通,大家安心地、轻松自如地构筑着和谐的关系,同时营造起课堂的灵动。

合作探究的课堂上,教师的引导至关重要。教师要多关注他们,走下讲台,走进学生中间,授他们以方法、技巧,给他们解答疑惑,指点迷津,与他们一起分享合作,分享成功。另外,教师要在课堂上注意提醒值周班长的考核评价,并能给他们提供考核评价的时间,能抽查值周班长的汇总情况,能对他们的管理提出合理化建议,及时召开班干部会议,发现问题,总结经验,提出新目标。

3.对学生的要求

新阶段对教师提出了更高的要求,同时对学生也将有更进一步的要求。要让班级充满正能量,每个同学都以热爱学习、关心集体、学会服从和倾听为荣,要明白学习不只是自己的事,更是小组和班级的事,要时刻准备为小组、班级争得荣誉;要把小组的事、班级的事当作自己的事,要为小组管理、班级管理献计献策。如果我们上一阶段更多地关注的是运行顺畅问题、功能发挥问题,那么这一阶段我们要更多地关注机制运行的质量、功能发挥的质量问题,同时要求学生在考虑体制、机制连续性的同时,还应该注意做好创新性工作。比如,一些部门设置是否合理,是否需要调整;一些小组长、班长是否称职,是否需要更换;一个制度、规定是否科学,是否需要修订等。特别是要对班级量化考评制度、班内星级评选者晋升体系要重新审视、修订,使它更科学、更合理,更具有激励性,更能够起到"奖优促劣"的作用。要对班内或校内评选出的各类模范,进行积极的表扬和学习,使他们更好地起到"引领示范"作用。

灵动课堂是由自主学习和自主管理两部分组成的,它们的集中交汇点都在课堂。所以德育管理部门也必须经常深入课堂,做好检查指导工作。当然,他们的做法应该和教学管理部门基本一样,用典型案例引领,榜样带动,以点带面,奖优罚劣等都不失为好的办法。

灵活运用阶段,是课改的"中级阶段"。这一阶段如果我们的目标能够实现,那么我们的课堂、教师、学生的面貌将焕然一新,我们学校的面貌也将焕然一新。但是这一阶段在推进过程中也会出现许多问题,比如,学生在课堂上不愿对学,直接进入群学的问题;课堂展示、点评、质疑的主动性、积极性不高,从而将课堂变成少数人表演课的问题;学生对量化考评分数不再关注或关注度不高的问题;部分学生重管理、轻学习的问题;导学案不能及时整理保存,随手丢失的问题;等等,而这些问题根源大都出在我们教师身上。有些问题是由于教师不去要求,学生来进行对学、群学导致的;有些问题是由于我们教师没有及时去指导,如何合理利用时间整理保存导学案,重管理、轻学习导致的;有些是由于我们老师培训不到位,导致了如学生主动性积极性不高的问题,小组长的作用不大等问题;当然有些是由于我们的创新跟不上,如对考评分数关注度不高,凝聚力下降等导致的。所以,只要我们教学管理和德育管理部门能及时针对问题,提出相应的要求,这些问题也就会迎刃而解了。

另外,教师层面和管理层面也出现了相应的问题,如导学案问题设计没有层次化,或层次化不够的问题;学情调查不够的问题,包括自主预习和对学、群学的学情,特别是对学、群学时仍然充当"看客"的问题;不能正确处理好教材、导学案和复习资料的关系,甚至出现重复习资料、轻导学案和教材的问题;对课改发展的阶段性安排不清楚,或无阶段性安排,导致关键时间对课改的路径、方向定位不准,或对课改推进进程的"节点"把握不准确的问题;个别领导的领导力、决策力、执行力不高的问题;等等。以上问题综合起来,也无非是态度层面、理念层面和技术操作层面以及现有的行政体制机制的问题。这就要求我们的教学管理部门和德育管理部门必须经常性地深入课堂,及时发现问题和解决问题。针对不同的问题,通过谈话、培训等进行解决。

这一阶段的课改主题就是创新,所以教学和德育两大管理部门要将创新始终作为自主管理工作的重点,要及时发现教师和学生的创新成果,并将这些成果及时地总结推广。

(四)模式创新阶段

经过前几个阶段的"磨合",学生及教师已经可以将灵动课堂模式运用自如,那么问题又来了,我们就仅仅满足于此?答案当然是"不"。要想在灵动课堂的道路上发展下去,就必须走出我们自己的特色。

当课改推进到一定的阶段后,我们会逐渐发现,不仅不同的课型模式应该不同,而且不同的学科,它们的特点也是各有不同的。比如有的学科偏重阅读和体验,而有的学科又偏重推理和运算;有的学科强调的是形象思维能力,有的学科却可能更多地强调抽象思维能力。这就要求我们在课堂教学中充分地尊重这种差异和学科特色。另外,在自主管理方面也一样,不同层次的班级、年级,管理的目标和侧重点也是不一样的,这就要求在自主管理方面也尊重差异,创造出不同班级、年级的管理特色来。所以,我们的课改决策者和推进者需要通过总结提炼,形成富有本校特色的课堂教学模式和自主管理模式。这里所说的课堂教学模式,不仅要体现课型特色,还要体现出学科特色;而这里所说的自主管理模式,不仅要体现出班级特色,更需要体现出年级特色、学校的特色来。因为在前两个阶段,我们主要都在模仿,虽然有改造、有创新,但这样的教学方式毕竟还不能算作我们自己的东西;我们只有将它和我们的学校特色、年级特色、班级特色以及学科特色、课型特色融为一体,它才会真正地成为我们自己的理念、观念、方法、习惯和信仰,也只有这时,它才真正地算作我们自己的东西了。于是,我们就要不失时机地把课改推进到一个新的水平上来,从而形成自己学校的特色。

1.对管理部门的要求

教学部门创建模式特色。在上一阶段创新的基础上,集思广益、取长补短,进行充分总结论证,形成具有本校特色的课堂教学模式。再在学校模式的基础上,要求各学科根据学科的特色和差异,进一步创新,最终形成不同学科、不同课型的课堂教学模式。当然,任何模式都不是一成不变的,都必然会随着实际的变化而变化。所以模式形成以后,我们千万不能以为这样就一劳永逸了,我们还应该做好对它的修订和完善工作。还有,不同的老师使用同一种模式,也不可能完全相同,我们应该允许老师们对模式进行必要的变通,允许他们有自己的个人特色。

有了自己的课堂模式,而且这个模式是充分尊重差异、尽显各自特色的模式,所以这一时期的课堂标准就应该围绕"差异"和"特色"来制定。

在人本理念引领下,通过教与学,搭建教师与学生共同成长的平台。构建灵动课堂,要在立足于生本思想的基础上,呼唤课堂回归,将课堂还给学生,促进学生学习主动性和学习力的提升。关注课堂生长,对教师自身的素质提出了更高的要求。教师走进课堂,既要有充分的预设,又要关注课堂的生成,处理好预设与生成的关系,让课堂在师生的共同生长中绽放灵动的精彩。

一个有特色的课堂,要体现其主体性、互动性、生成性以及深刻性。要尽可能地考虑灵动课堂的主要特征,但是不同的学校,客观实际不同,存在的问题也不会一样,我们完全可以根据自己的需要进行调整和取舍。

2.对教师的要求

新的课堂,就需要对教师和学生提出新的要求。这一时期,学生的主人翁意识和主体地位意识有了较大的增强,课堂实际上已成了学生的课堂,教师就应该做好指导工作和服务工作。课堂上师生是平等的,二者平等对话、平等交流、平等倾听。在这样的课堂上,应该随时可以看到师生的思想在倾听中碰出的闪亮的火花。老师在聆听中,捕捉到孩子心灵深处最微妙也最动听的弦音,收集到了孩子们的喜怒哀乐,也收获别人不曾拥有的幸福和快乐。孩子们也在倾听中,有了更多自由思考的时间,有了更多自由表达的机会,他们的人格就会得到尊重,他们的个性就会得到张扬,他们的智力就会得到开发。于是,课堂就因为师生之间的平等聆听而灵动起来。但凡事都要拿捏好一个"度",真正有深度的课堂,绝不是教师不说不写的课堂。所以我们不仅在问题的设计上下功夫,使问题更具有探究性,探究具有深刻性,我们还应该在课堂的展示、点评、质疑等环节中,有意识地引导学生,使他们的注意力向某个方面集中。这样才不至于因学生的水平有限,使课堂变得肤浅。另外,预习课、展示课、复习课,课型不同,教学目标和学习目标不同,关注的重点不同,因此授课的方式就不可能完全相同。这就要求我们的老师根据课型目标和重点,做好不同课型的设计工作。

3.对学生的要求

灵动课堂是充分尊重学生权利,尊重学生个性差异的课堂。这就要求我们的学生在增强主人翁意识的同时,要充分认识自己的个人特长、兴趣爱好,以确定自己的发展方向和学习重点。我们要充分相信,在"多元互动"体系之下,每个学生都能成人、成才、成功。

课堂的重点围绕"灵动"来着重处理好以下"三动"。

身动——让学生在课堂上拥有充分的话语权。身体力行,主动探究,主动交流,主动合作,主动展示,主动质疑,使学生的个性充分张扬,思维得到充分拓展,情感得到充分表达,能力得到充分发挥。

心动——让学生在课堂上有足够的参与权。学生在课堂上心随身动,实现师生互动,生生互动,生本互动,达到"活而不散,动而不乱"的效果,达到让每名学生全身心参与教学活动的目标。使知识在互动中生发,在质疑中生成,在检测中生根,使学生在多元评价中成长。

神动——让学生形成终身受益的学习能力。实现由"要我学"到"我要学","让我说"到"我想说","能质疑"到"会质疑","我学会"到"我会学"的转变,实现"知识—能力—学科素养"的飞跃,让学生真正感到精神上的满足和愉悦。

总之,对教师和学生的要求,是随着课改重心的改变而改变的。学校校情不同,课改发展的阶段不同,我们关注的重点就不同,对教师和学生的要求就不同。这就需要我们因地制宜,因时制宜,切忌千篇一律。

第四节 顶层设计

一、设计理念

灵动课堂是源于陶行知先生对于学生的"六大解放"理论而提出的,即在课堂让孩子的大脑、双眼、双手、嘴巴、学习空间、学习方式等灵动起来。为了全面提高我校的教学水平,结合我校实际,我们提出"以学定导,多元互动"的灵动课堂教学模式。

二、总体原则

分层实践、分步实施、稳步推进、全员达标。

三、推进层次

一年级思想渗透;二年级方法借鉴;三、四年级模式植入;五、六年级凸显成效。从语数开始,再到英语,最后全学科推广。

四、总体安排

总体策略:宣传发动、理念构建、学习培训、探索实施、总结提炼、全面铺开。

成立课改领导小组及四个专班:灵动课堂改革领导组、课堂教学考评组、教师队伍建设培训组、成效特色验收组。

五、基本流程

基本流程如图4-1所示。

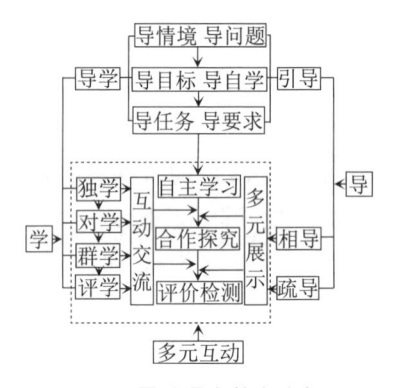

图4-1 灵动课堂基本流程图

六、灵动课堂"三动"解读

"以学定导,多元互动"灵动课堂是围绕着"灵动"来开展的。在教学中要有效处理"三动"。

主动——"以学定导,多元互动"灵动课堂教学模式最大的亮点就是让学生在课堂上拥有充分的话语权,主动探究,主动交流,主动合作,主动展示,主动质疑,学生的个性充分张扬,思维得到充分拓展,情感得到充分表达,能力得到充分发挥。

互动——"以学定导,多元互动"灵动课堂教学模式突出特点就是让学生在课堂上有足够的参与权。具体观察以下几点。一是小组合作中有无角色的分工。二是学生间有无亲和力,气氛是否融洽。三是学生间是否互相照顾,互相关注。四是学生是否会利用资源。五是学生是否会倾听。六是合作成果能否共享。

能动——"以学定导,多元互动"灵动课堂教学模式最终目的就是让学生形成终身受益的学习能力,具体体现在感兴趣,有动机,有效应几方面。

七、基本环节

(一)第一环节:课前预习

教师分发"指导单"(或"学习单"),明确预习目标和应完成的任务、解决的问题。让学生明白学什么,怎么学,学到什么程度,标注预习中遇到的问题等。这一环节不是放任学生自由预习,而是在教师指导下的主动学习。

分析预习的目的让学生在上课开始就明确学习内容,学生课堂学习有方向、有目标、有动力,从而激发了学生学习的兴趣,调动了学生学习的积极性,促进学生在以后的各个环节中主动地围绕目标探索、追求。建构起初步的知识结构。

培养目标:养成学生自主学习的习惯,培养学生探究学习、独立思考的能力。

注意的问题:这一环节要做到两个明确,一是明确预习的内容,即让学生知道学什么、做什么;二是明确学习方法。

(二)第二环节:依标独学

"依标独学"这里主要是指"课内预先"学习。分两步进行:一是"亮标",即齐读目标,明确学习任务;二是独学检测,即重温教材内容,检测预习效果。

分析:这一环节主要是为了体现"先学后导"。其目的一是为了充分发挥学生在学习中的自主性、能动性,真正体现学生的主体地位和作用;二是暴露学生预习与独学中的问题,使教师的"导"更具有针对性和实效性。

培养目标:①变"学跟着教走"为"导为学服务";②培养学生独立获取基础知识和基本技能的习惯;③鼓励优秀的学生进行跳跃式的学习。

注意问题:这一环节要解决好下面几个方面的问题。①教师要把学习方法、注意事项交代清楚,明确告诉学生自学课本哪些部分;②要给学生留足独立看书和思考的时间与空间;③教师中途不要插话,以免打乱学生思维,但要对学习有困难的学生进行个别指导。

(三)第三环节:合作交流

"多元互动"是指小组内生生之间、师生之间进行的多元活动。分四步进行:一是对学互动,主要是提交独学中存在的问题并进行讨论;二是群学互动,主要是对学时未能解决的问题进行组内讨论、质疑、释疑,达成共识;三是师生互动,教师找准相机引导的关键点,及时点拨、引导。它既有利于促进学生智能、个性的发展,又有利于创设课堂学习气氛和提高课堂学习效率,还能有效地帮助教师找准教学的"导"点。

分析:学生根据自主学习情况在教师的组织下交流自主学习成果。一般问题的交流有两个层次,即组内展示交流和组间展示交流。知识性、基础性的问题可以在组内展示交流、互相评价,稍难的问题在小组内交流后整理出小组的意见在班内展示交流。自主学习任务交流的时机要与教学的流程相和谐,要恰如其分地贴着教学目标的落实来交流,不能为交流而交流,为活动而活动。

培养目标:①培养学生合作意识的形成;②调动学生参与的意识和热情,从而提高学生学习的快乐程度;③激发学生的思维,使其产生新的观点和想法,从而生成新的课程资源;④培养学生的竞争意识和团队精神;⑤培养学生的创新开拓性思维。

注意问题:①小组互动时,由组长负责,分工明确,做到对子互帮,组内互助,培养学生的合作能力;②展示要讲究技巧,展示代表性的问题。一般主张由学力较弱的学生多展示,在展示过程中,教师要充分发挥"导"的作用,保证展示活动的效率和效果。展示过程教师要敢于"利用"学生,实现学生自身能力差异的资源共享。

(四)第四环节:展示质疑

本环节充分发挥学生的主观能动性和参与性,通过各种方式由学生自我展示学习的任务。首先做到展示形式多样化,可以扮演,可以口头叙述,可以背诵,可以辩论、演讲、相互点拨、评价、对抗、质疑等;其次做到展示内容流程化,操作流程为组内讨论(小展示)—展示交流(大展示)—异组质疑—明确重点(教师)—互相交流。展示过程中全员参与,不断纠错、订正,完善展示内容。期间教师也应认真参与,聆听、观察,发现学生学习过程中存在的问题,为下一环节教师的疑点透析打下基础。[①]最后要做到评价多元化,形式包括师生评价、生生评价、组际评价、个人对小组评价等。

分析:教师根据学情组织学生将学习成果进行展示。展示分为小组内部的"小展示"和集中进行的"大展示"。"小展示"主要是在小组内部重点交流讨论观点不一致的地方;"大展示"的受众是全体同学,展示基础性、普遍性、代表性的问题。

培养目标:①培养学生善于聆听、善于质疑、勇于创新的精神;②培养学生学习的兴趣以及积极参与的能力;③培养学生善于发现、善于思考的能力。

注意的问题:①尽量避免"展示明星"的出现。②讲解交流时谁做得好、改得对让谁讲。③要面向全体学生,教育学生要善于聆听别人提出的问题,同时对不同的见解要学会大胆地对抗、质疑。④教师要做到"三忌一提倡",即一忌讲解面面俱到,重点不突出,针对性不强;二忌"另起炉灶"式的讲解,即不顾学生思路的讲解以及对学生已经讲得很明白的地方再进行的重复讲解;三忌就题讲题,缺少必要的规律方法的归纳、提升以及运用巩固。一提倡即教学补偿,"补偿"是教学中抓落实的重要环节,其关键是"补"的针对性。

(五)第五环节:拓展提升

师生再次回到文本后进行的质疑,不是指导单中最基础的知识,也不是指导单的重复,一定是大展示的提升。包括学习方法总结,规律探寻,学习的新发现、新思考、新感悟、新成果展示等。

(六)第六环节:达标检测

这个环节不做多的说明,但应注意以下几点问题。一是检测题(也包括单项检测问题)要紧紧围绕学习目标,做到检测题都具有针对性、目的性。二是检测题要有梯度。题要反复筛选,由浅入深,由易到难,循序渐

---

① 周雪凤. 有效活动激活灵动课堂——小学品德与社会课堂有效活动设计的实践与思考[J]. 教育观察,2019,8(02):125-127.

进;要由知识目标到能力目标,再发展到德育目标。三是检测题形式要多样化。对有利于学生牢固掌握基础知识和培养能力的习题,形式要多样化。如采用填空题、改错题、选择题、判断题、简答题、实验题等题型进行设计。四是检测题要覆盖本课的学习目标,并且要重点突出、代表性强。对同一目标进行考查的试题在同一档次试题中尽量少重复,以免影响其试题量。

第五节 实施策略

一、转变教育观念,领会课堂模式

抓好教师教学观念和教学方式的转变,领会"以学定导,多元互动"的基本模式要求,逐步消除教师讲得过多,学生参与较少的情况。按照学校有关要求,扎实开展研究,通过教学研究活动,改变课堂教学行为,促进教师专业发展,提高课堂教学质量。

二、加强导学案研磨,共享教学资源

"导学案"是用于指导学生自主学习、主动参与、合作学习的学习方案,是自我学习的程序链,是合作探究的方向盘,是展示交流的指南针,是当堂达标的目的地。落实"以学定导,多元互动"的重要工作之一就是对导学案进行优化。

(一)分配修改导学案任务及指定主要修改人

首先,教研组长分配各位教师应修改的导学案的主要内容。修改内容应为自分配任务起的上课内容。在分配完修改人后,教研组长还要安排定向检查,每个老师主要负责一个内容的修改任务。修改内容时要用醒目的颜色的笔。

(二)上传及分发导学案

第二周星期一教师将修改好的导学案内容统一上传给教研组长,教研组长再将所有修改好的导学案内容传给组内所有老师。不用纸质稿件,全部用电子稿。组内教师浏览修改好的导学案,对修改的地方要着重看。

（三）集体备课研讨

周四集体备课时先由主修改人讲自己的修改原因，其他老师听完后进行补充，依次将下周要上课的内容全部完成。主修改人应在导学案上记下集体修改后的意见。

（四）完善"三案"

集体备课研讨后，老师们根据主修改人的导学案和修改意见，根据自己的教学需要各自将预习案、导学案、巩固案修改完整。

三、灵活运用"灵动课堂理念"，体现学生主体地位

在课堂教学中，我校根据学校实际制定灵动课堂理念，要求全体教师在课堂教学中灵活、突出学生的主体地位，体现学生的参与性、主动性、创造性，做到四个"坚决"：学生自学会的坚决不教；学生通过讨论会的坚决不多讲；学生需要动手的教师坚绝不包办代替；课堂作业坚决当堂完成。

（一）合作探究要求

第一，教师必须认真落实灵动课堂理念，每堂课都要开展合作探究。可小组合作，可师生合作探究，也可以实施个人探究，各种探究活动必须做好准备，明确目标，科学组织。

第二，一定要实施问题教学法。鼓励学生提自己不懂的问题。

第三，要突出学生主体地位。要通过合作探究，让学生自主解决问题，活动要有效，探究问题要有效，学生参与要有效。

第四，问题呈现方式要形式多样，可口头、可书面、可录音、可视频、可投影等。

（二）展示交流要求

课堂中学生展示交流要做到充分、适度和到位，具体做到以下几个方面。

第一，展示的学生数量。要根据课堂教学的实际情况，尽量让更多的学生在课上得到展示。展示可采用一对一展示、小组内展示和全班展示交流等形式。

第二，展示的呈现形式。要充分利用各种形式对学生所提问题的解决进行呈现。展示呈现的形式有黑板展示、纸质展示、多媒体展示、语言表达等。

第三,展示的状态形式。要灵活运用展示的状态形式,可通过讲解、演讲、演示、表演、讨论、辩论、质疑和提问等,以提高展示交流的高度、深度和广度。

第四,展示的质量要求。要尽量让问题解决的不同方法都得到展示,以拓宽学生视野;要尽量展示问题解决的方法、规律和体会等,以提高学生解决问题的能力,使全体学生共享合作探究的全部成果。

第五,展示的良好习惯。要培养学生良好的展示交流的学习习惯。课堂上要求学生"大声讲话、大胆质疑"。这一条一定要作为常规基本要求落实好。

(三)精讲点拨要求

第一,点拨的内容。教师要围绕重点、难点、易错点、联系点、困难点、关键点等核心内容进行点拨。

第二,点拨的时间。教师精讲点拨总时间不得超过15分钟,连续精讲点拨不超过基本要求的时间。凡是学生可以自己完成的事,教师绝不替代。

第三,点拨的深度。点拨不能停留在问题解决的表象上,要到适合学生学习需求的深度,不能把展示时热闹的气氛作为课堂追求的目标。

第四,点拨的高度。课堂点拨要从方法总结、规律把握、注意事项、体会反思、学习建议等方面进行,从而发挥研究的全部功效,提高学生的学习能力、分析解决问题能力,达到举一反三之效。

第五,点拨的广度。课堂的开放是有限的,而课外及以后的学习是无限的。因此,点拨要对问题进行适度拓宽和链接,开阔视野,丰富内涵。

(四)当堂达标要求

第一,每堂课都应有达标检测。

第二,检测内容呈现形式多样化。可口头,可纸质,可用小黑板,还可以用多媒体展示,充分利用现有资源。

第三,检测步骤要切合学科特点,可以是集中的,也可以是分散、分步的。

第四,检测内容批改方式和时间。可课后集中批改,也可让学生在课堂上互相批改,教师也可以用多媒体边展示检测内容边批改,也可根据部分不同层次学生的掌握情况,推测全体学生的掌握状况。

四、开展教学评估,落实有力推进

课堂教学既是教学质量的保证,又是教师成长的平台。要让课堂成为教师提升教育质量的重要阵地。没有教师的成长,就很难有较高的教育质量;没有教师的主动发展,就很难有学生的主动发展;没有教师的教育创造,就很难有学生的创造精神。[①]只有灵动的课堂教学才能实现教师教育质量的提升,为保证灵动课堂的有力推进,学校采取以下措施。

(一)实行领导推门听课制度

要求每位教学管理人员每周必须随机听课4~5节,并随时与执教者交换意见,被认定为低效课堂的必须重上。

(二)开展灵动课堂教学评估达标活动

每位教师都要参与评估达标活动,由学科教研组长组织进行打分,并及时反馈。上课教师成绩纳入教学业务考核积分,并与绩效工资挂钩。

(三)打造好教研组的研讨课,实现典型引路,强势推进

研讨课要提前安排,早做准备。每学期每学科组织不少于两轮磨课活动。做到教案一起研讨定稿,上课提前告知全校,听课以后集中评课,一轮活动结束写好反思总结,并上传磨课教案和课件。要让研讨课真正成为精品课,切实起到示范、引导的作用,既让听课的老师有启发,又使上课的老师得到锤炼和成长。

五、提高教学评价的时效性

教学过程中,教师要及时、适度、多元化地评价学生,鼓励引导学生自评和互评。评价既要注意过程又要注重结果。充分利用学生"成长记录袋"和"素质报告单"的导向作用。

灵动课堂构建关系学校的高品位发展、教师的高水平发展和学生的高智能发展,做在当今,功在长远。我们只有不懈地抓平时、抓细节,才能有效地改变我们现今不甚理想的课堂教学效果,才能使灵动课堂结出丰硕的成果。为学生一生奠基,为社会发展服务,是东城一小人一生的夙愿。

---

① 王磊.语文课堂实施有效阅读的教学策略[J].河南教育(教师教育),2021(02):64.

第六节 保障措施

一、管理保障

（一）集体备课及教学反思交流制度

同年级各学科要确立集体备课的时间、地点，以集体备课的形式，确立周学习内容，以达到让学生提前了解学什么、怎么学、练什么、什么时间学、学到哪儿的目的。落实"以学定导"原则，充分发挥自主学习模板的三个功能：学生自主学习的支点，生生互助、自查自纠的着力点，教师课堂教学的起点。并及时做好教改反思交流、共享课改智慧。

（二）建立师生自主管理机制

自主管理与合作的班级文化以及无缝隙管理是灵动课堂的重要保证。

第一，要建立稳定的学习小组，构建共同学习愿景。由班主任根据班级情况分组（每组6~8人为宜），评选组长，组长根据学习能力挑选组员，实现各小组男女、学习能力的均衡，确立各组主持人、发言人，并明确分工（例如第一发言人首先展示、讲解、汇报自学学习情况；第二发言人对第一发言人的内容进行补充完善；第三发言人对前面发言进行追问、质疑；主持人负责对前面的发言进行概括、总结、提炼、指导，负责组织本组人员对第一发言人进行辅导），并建立相应的小组文化标识以及评价方式、竞争机制。

要求：加强各学习小组组长及主持人的培养，培养其组织、分工、管理能力。

第二，要分工负责，按照班级卫生、纪律、劳动、公物维护等常规班务，以及学习事务两类进行详细分工，责任到人，建立人人有事做、事事有人管的自主管理格局，并建立相应的奖惩机制。

（三）建立促进教师专业团队发展的保障机制

建立促进教师团队发展的保障机制，促进教师团队自主发展，促进课改科学前行。

二、评价保障

加强课堂改革巡查,成立督查组和考评组。建立课堂新评价方式,引领灵动课堂。

(一)评价指导原则

第一,实现三个转变,即主体的转变、教学方式的转变、评价的转变。突出学生课堂主体地位,实现由教师的教向学生学的转变,由评教师的教学艺术、技巧向评学生的学习能力和效果转变。

第二,做到"三放六让"。"三放"即"放手、放权、放心";"六让"即能让学生自学的就让学生自学;能让学生独立思考的,就让学生独立思考;能让学生分析讲解的,就让学生分析讲解;需让学生讨论的,就让学生讨论;能让学生概括总结的,就让学生概括总结;能让学生动手的,就让学生动手[①]。

第三,坚持课堂"三讲三不讲"。"三讲"即讲易混点,讲易错点,讲易漏点。"三不讲"即学生自己已经会了的不讲,学生自己能学会的不讲,老师讲了学生也学不会的不讲。

(二)灵动课堂评价的注意点

督导时考核灵动课堂的五个关注、八个有效性。

1.五个关注

关注情感、关注习惯、关注学习能力低群体、关注思维、关注效益。

2.八个有效性

第一是学习目标的有效性。学习目标不等同于教学目标,学习目标要简单明了、重点突出、符合学生最近发展区,让学生明白要掌握什么知识、学会什么样的方法;课堂学、讲、练、检内容应紧扣目标。

第二是师生课堂时间使用的有效性。师生课堂时间使用合理、科学、有效,无单向浪费现象,做到每个时间段师生都有明确的事做。

第三是学生自主学习的有效性。关注学生是否高度投入、深刻思考。

第四是学情掌握的有效性。及时有效把握学习进度及效果。

第五是学生参与(互动)的有效性。保证全员参与、互动实效有序。

[①] 曾德菊. 打造小学英语"灵动课堂"发展学生英语核心素养[J]. 科学咨询(教育科研), 2016(11):68-69.

第六是书面巩固的有效性。保证必要的书面巩固时间及速度。

第七是弱势群体关注的有效性。面向全体,要深刻挖掘影响学习能力低的学生发展的原因,帮助学生寻找打开智慧或心结的钥匙,做到关爱每一名学生,成就每一名学生,不放弃任何一名学生。

第八是生命体验的有效性。努力实现师生的情感正效,实现学生人格的完善,促进生命的和谐生长。

三、指导单保障

(一)什么是指导单

即在新课程理念指导下,为达成一定的学习目标,由教师依据课时教学内容,通过集体备课研究设计,促进学生自主、合作、探究性学习的师生互动"导学合一"的设计方案。

(二)指导单编制的意义

第一,是有利于培养学生自主学习的能力。第二,是有利于实现学生学习的主体地位和教师主导地位的有机结合。第三,是有利于创设合作探究的学习情境和课堂动态生成情境。第四,是有利于增强课堂教学的有效性,提高课堂教学效益。

(三)指导单编制的基本原则

第一,主体性原则。指导单立足于学生如何学,应做到充分发挥学生的主观能动性,充分尊重学生个体差异,充分体现学生的主体地位。

第二,导学性原则。指导单以导学为重点,通过简单到相对复杂的问题设置,阶梯式学习内容的呈现和有序的学习步骤安排,引导鼓励学生由浅入深、循序渐进地自主学习、合作探究,培养学生的素质和能力。

第三,探究性原则。使用指导单的目的主要是培养学生的自主学习能力,培养学生的探究意识和创新精神。

(四)指导单编写的基本要求

第一,是吃透教材打基础。

第二,是集体备课有提升。通过集体备课,认真分析学情,合理处理好教材,帮助学生更容易、更有效地学习,导学和探究的问题能引发学生的兴趣、启迪学生的思维。

第三,是紧扣目标抓落实。每课都要设置适宜的学习目标,紧扣学习目标的落实,设置学习问题和学习过程。

第四,是分层学习重差异。指导单在编写中要做到"知识问题化,问题探究化,探究层次化"。

第五,是学法指导在其中。指导单在编写中尤其要体现学习过程的方式方法指导,重在培养学生自主、合作探究的学习能力,使学生的主体意识、能动性和创造性不断得到发展。

(五)指导单编写的基本环节

概括地说要做到"四个统一",即统一编写程序、统一基本环节、统一课时容量、统一编写格式。

统一编写程序。每年寒暑假先由同组教师分单元进行个人备课,然后利用3~5天时间全组进行集体备课,形成备课草案。每周集中备课时间,由主备人提交下周指导单草案,集体研讨形成共案,个性化设计形成个案。上课教师再补充修订。

统一基本环节。指导单一般包括学习目标,重难点,学法指导,学习内容(自学内容、合作学习内容、展示内容),达标测评,反思评价等。

四、小组建设保障

分组:异质同组,同组采用AA、BB、CC分法;同质结对,竞争合作。

理念:小组长相当于小组的老师。一间教室里有 n 个小组,每个小组视为一个"小班",灵动课堂等于"小班化"教学。

小组学习:可概括为"1:n教学法",即1个教师负责解决 n 个小组长的问题,调动掌握 n 个小组的学情,每个组长负责解决4~6个组员的问题,调动掌握每个成员的学情。

即时性评价:教师要做好小组学习的即时性评价,一评知识,二评情感态度,三评行为习惯、动作语言。

分工:组内"小展示"由组长负责,班内"大展示"由教师负责。

第五章 基于整体育人理念的灵动课堂的培训

第一节 教师的培训

一、理念通识培训

(一)"灵动"课堂的理念阐述培训

1.灵动课堂理论依据

灵动课堂主要源于陶行知先生对于学生的"六大解放"理论而提出,就是在课堂上让孩子的大脑、双眼、双手、嘴巴、学习空间、学习方式等灵动起来。

2.灵动课堂学生的"六大解放"

第一,让孩子的头脑灵动起来,让他敢想、能想、会想。第二,让孩子的双手灵动起来,让他敢写、能干、会画。第三,让孩子的眼睛灵动起来,让他多看、能看、会看。第四,让孩子的嘴巴灵动起来,让他敢说、能说、会说。第五,让孩子的学习空间灵动起来,让他敢问、善思、能辨。第六,让孩子学习方式灵动起来,让他展示、表现、成长。

3.灵动课堂教师教学要突出五个重点

第一,把备课的重点放在对学生的了解和分析,以及激发学生的求知欲上。第二,把教的重点放在学生学习方法、方式指导上。第三,把改的重点放在对学生分层要求、分类提高上。第四,把导的重点放在学习知识、思维疏导上。第五,把考(作业、测试)的重点放在学生自学能力和创新能力培养上。

4.灵动课堂核心要素

第一,以学定导,多元互动。

第二,"四学""三导""两展示"。

5.灵动课堂的四种学习方式

独学、对学、群学、评学。

6.灵动课堂教师的作用

引导、相导、疏导。

7.灵动课堂的重要特征

第一,组内小展示。

第二,班级大展示。

(二)灵动课堂的手段方法培训——以学定导,学案导学

1.灵动课堂的几个理念

第一,课堂是解决问题的,而不是传授知识的。第二,关注学生的问题(优生),关注问题的学生(学困生)。第三,关注学生整体,学生个性是研究的主题。第四,高效的灵魂是效益和效果的统一。第五,课堂效率最高化——体现时效性(一节课)。第六,课堂效益最大化——体现发展性(学生有收获)。第七,课堂效果最优化——体现吻合度(学生最大限度掌握知识)。

2.以学定导的理念

"以学定导"的"导"指四个方面:一是"引导",这是指知识层面的;二是"指导",这是指技能层面的;三是"督导",这是训练与检查方面的;四是"辅导",这是反思与补习层面的。[①]

3.灵动课堂的备课

集体第一次备课——制订计划(学期计划与模式计划)。

个人第一次备课——调整学案(设置问题)。

集体第二次备课——交流学案。

个人第二次备课——发现问题与收集问题,调整教学程序。

二、导学案编写和使用培训

(一)导学案编写和使用中存在的问题

1.导学案编写质量参差不齐,严重影响灵动课堂的有效开展

大多数学校实行的是教师轮流编写导学案的策略,由于教师的专业素

---

①王芳.基于"教师共同体"的高校课程思政协同育人模式研究[J].贺州学院学报,2021,37(04):137-141.

养不同,业务能力不同,敬业精神不同,投入的多少不同以及教学水平不同,导致每个人所编写的导学案各不相同,参差不齐。每个老师又不经过任何修改、删减就分发给自己的学生,学生就只能每天面对不同风格的导学案进行自学,今天跟着这个老师的思想进行预习,明天又要去适应那个老师的风格,时间长了学生就找不着方向了。慢慢地开始应付了事,导致后面的环节就只能是假的、空的、低效的甚至是无效的。

2.某些导学案不能回归课本,或是不能对课本进行必要的整合

有的教师教龄短,教学经验不足,对教材不敢进行必要的整合,更不敢合并、放大、缩小、添加和删除,就做不到对教材科学重组,就事论事,这样编写导学案费时费力而且效果不佳。有的教师虽然教龄长,教学经验较丰富,但是由于责任心、事业心不强,自己懒得做,在网上下载现成的导学案草草交差。这就可能导致他所编的导学案严重脱离课本。如果用这样的导学案进行教学课堂必然不会高效。

(二)整改策略

1.要加强对教师进行思想培训

只有加强对教师思想转变的培训,使每个教师都能够充分认识到灵动课堂的优越性,真切地感受到灵动课堂的魅力所在,他在编写导学案的时候才会想着如何设计才能为灵动课堂而服务。

2.加强对教师进行"责任意识"的培训

当教师意识到责任的重要性、职业的特殊性时,他在工作中才能全力以赴,才能做到爱岗敬业,对学生负责、对学校的发展负责。这样,教师在编写导学案时就会换位思考,把学生当成自己的孩子,倾其所有,尽其所能地编写出有助于学生发展的高质量导学案。编写高质量的导学案是打造高效课堂的基础保障,也是广大教师的主观愿望。只要教师心中时刻把握住"一切以学生为中心",不断学习、不断改进,再加上努力践行,"不打无把握之仗",书写出高质量的导学案是完全可以实现的。

(三)集体备课,调整学案的培训

1.建瓴性的教材把握

建瓴性——高屋建瓴、全面、整体、系统、准确。

第一,准确把握并理解"课堂标准""教材""考试大纲""考试试卷"的

区别与联系。第二,准确把握教材重难点。第三,正确把握学科的知识体系——上下左右。

2.时效性的目标教学

具体化:每个知识点,要有具体可操作性。

实际化:必须符合课标,适合学生,要切实可行。

分层化:依据三维目标,掌握学生层次。

3.探究性的问题教学

探究性问题教学,要将知识问题化,问题层次化,层次结构化,结构体系化。

问题层次化:一个问题采用多阶梯设问;一个学案的几个问题层次分明;一个模块的所有学案构成体系。

层次结构化:逐步深入,层层递进,从字到词,从词到句,从句到段。

结构体系化:纵横交错,构成网络,形成知识体系(如语文的听说读写能力),注意类比与拓展,迁移与联想,总结与归纳。

三、课堂教学流程培训

课堂教学流程基本环节操作包括以下过程。

(一)灵动课堂的学习过程

第一环节:预习—讨论—交流—请教。第二环节:展示—点拨—交流讨论。第三环节训练—巩固—总结—提高。第四环节:反思—感悟—评价—提升。

(二)灵动课堂的预习过程

第一,预习与讨论体现了学生带着问题学与自主学习、合作学习的理念。

第二,预习方法。根据导学案,阅读教材,回答学案中的有关问题,针对困难的问题让学生之间进行讨论,也可以请教老师。

第三,教师作用。要深入学生中间,发现与收集除学案中已设置外学生提出的其他问题,再思考对这些问题的点拨方法,这就是二次备课。

(三)灵动课堂的展示过程

第一,要展示对解决的问题的思维过程;第二,要展示规范解决问题的笔答过程;第三,要展示解决问题过程中碰到的困难与解决方法;第四,要展示通过单个问题的解决所得到的启示、规律总结;第五,要展示由这次学习得到的技能提高情况。

(四)灵动课堂展示的内容

第一,展成果(知道、理解、明白);第二,展问题(不解、不同、疑惑);第三,展思路(依据、论证、结论);第四,展过程(步骤、要点、规范);第五,展观点(看法、见解、理由);第六,展方法(多样、发散、迁移);第七,展规律(一点、一类、一片);第八,展体系(梳理、穿线、建构);第九,展意义(教训、感悟、启发);第十,展质疑(异见、批判、建议);第十一,展发现(盲点、疏漏、生成)。

(五)灵动课堂教师的点拨

第一,修正错误,分析原因,指出避免方法;第二,从单个问题的展示,通过迁移、类比、归纳、总结,得出规律性的结论;第三,从学科知识联系出发,帮助学生逐步建立完整的知识体系;第四,主动设置问题,使知识得到巩固,技能得到落实;第五,驾驭课堂,突出重点,突破难点,关注全体学生,同时也需要关注学生在课堂上的学习过程。

紧扣生活实际——让每个学生深入开展探究活动。知识来源于生活,又应用于生活。因此,教学时,要从学生的实际出发,布置实践性的题目,指导学生参加探究活动,把学科知识和生活实际紧密联系起来。如数学课学习"统计初步知识"前,组织学生调查某些物品的价格信息或了解家庭成员的年龄状况等,上课时把这些信息、数据制成统计图表。又如在教学"千克和克"前,让学生到超市,称一称、拎一拎、掂一掂。课堂中让学生根据已知的,提出一些简单的问题并解决。教师在这样的课堂中可以放手让学生来说、让学生提问,学生做"老师",老师做旁观者。

学生需要自由表达的机会——让每个学生充分发表见解。新课程标准明确提出鼓励学生发表自己的意见,并与同伴进行交流。因此,教师在教学中应充分让学生的表达从课堂教学情境中扩展开,改变教师"包讲"或者学生围着教师的指挥棒转,不敢想也不善于想的教学模式。在课堂教学中要放手让学生参与学习活动,力求体现学生的主体地位,让他们经历知识的发现、问题的思考、规律的寻找、结论的概括、疑难的质问,甚至知识结构的构建的过程。如在教学长方形周长的计算时,教师先不急于讲解算法,而是引导学生,想办法算出自己的课桌面的周长,并说说自己的理由。这样教学,给学生充分发表见解留出了较多的时间和空间,学生往往能表达出老师可能表达不了的,感悟出老师感悟不到的东西,从而充分发挥学生的自主性、主动性和创造性。

培养兴趣——让每个学生都感受到自己的重要性。学生的学习兴趣是对学习活动或学习对象的一种力求认识或趋近的倾向,这是学习活动的内驱动力,通常带有浓厚的感情色彩。培养小学生的数学学习兴趣应从他们的心理发展特点出发。教师要尊重关爱学生生命的发展,把教学过程作为向学生倾注爱心的主渠道,让每位学生在每一节课上,都能从老师"亲切的言行中"读到信任、激励与期待,让每位学生都意识到自己存在的价值,达到《数学课程标准》(以下简称《标准》)目标体系提出的,能积极参与数学学习活动,对数学有好奇心和求知欲的要求。如教学"三角形内角和"一课时,巩固后教师继续问:"你们已经知道三角形的内角和是180度了,那么四边形、五边形、六边形呢?它们的内角和各是多少度呢?"这使学生的思维再次活跃起来,从而兴趣盎然地动手去猜想、验证。

合作互动——让每个学生都能体会到成功的快乐。《标准》指出:数学教学是数学活动的教学,是师生之间,学生之间交往互动与共同发展的过程。教与学的本质是一种沟通与合作,是教师与学生围绕着教材进行对话的过程。在数学教学过程中,师生间、学生间可以进行动态对话,这种对话的内容包括知识信息、情感、态度等各个方面,教师不是高高在上的长者,而是孩子们的朋友,他们在合作中探索、求知,教师的一个眼神有时也能表达对学生的关怀。教师和学生就是通过这种对话和交流来实现课堂中师生间的互动的。如教学长方形和正方形的认识时,小组的同学拿出准备好的长方形和正方形去讨论、去实践,去自己寻找长方形和正方形的特征。学生通过量一量、比一比、折一折、说一说等活动,根据自己的体验,用自己的思维方式,自主地看、自由地说、自信地做,不但很快概括出了长方形和正方形的特征,同时使孩子们体会到了团结合作是成功的有效保证。这样,学生在一次次成功的体验之中,对自己的能力有了更准确的判断,能够更加正确地选择适合自己能力水平又富有挑战的目标。正如叶澜[①]教授曾指出的:学生主动性发展的最高水平是能主动地、自觉地规划自身的发展,成为自己发展的主人,这是我们教育成功的重要标志。这种积极学习情感的激发,有利于学生丰富个性的展现。

总之,在课堂教学的不断进行中,教师通过变换教学方法促进学生的主动参与,经过情、知的多次交互作用,学生的情与理达到统一,让学生自己去讲解、答疑、讨论、实验、调查、探究,把课堂还给学生,把学习的主动权还给学生,在课堂教学中,教师应关注每位学生的学习过程,充分调动一切积极因素,让他们的智力得到最大的开发;还学生表达的自由,让他们的个性得到张扬;还学生心灵的自由,让他们的智慧得到发展;还学生体验的自由,让他们的潜能得到挖掘。

(六)灵动课堂教师的课堂评价

教育评价是学校教育教学工作的"指挥棒",树立科学的评价观对教育发展、人才成长具有重大意义。2020年10月13日,中共中央、国务院印发了《深化新时代教育评价改革总体方案》,提出要扭转不科学的教育评价导向,坚决克服教育评价中所出现的唯分数、唯升学、唯文凭、唯论文、唯帽子的顽瘴痼疾。2021年3月18日,教育部联合中央组织部等六部门共同颁布《义务教育质量评价指南》,明确提出在学校办学质量评价当中,要严控考试的次数,不公布考试成绩和排名。

在中国,破除"唯分数、唯升学"应是件让人拍手称快之事。但是,在批判评价制度时,应当清醒地认识到:教育评价有不同层次、不同类型,各有其不可替代的功能与意义,不能简单地取而代之,一概地批评。正如,高考存在许多弊端,但是又具有平民化色彩,其作为相对公平的筛选机制,对中国社会具有重要意义。同时,我们必须意识到,当前我国的教育评价,问题在于如何使各种评价制度发挥其相应功能。

由于过多外在因素的干扰,课堂评价已经失去其本应有的功能,演变为依据外部的要求和准则来运行。在教育的任何环节中,如果离开教育"铁三角"(学生、教师、教学内容)则很难再探讨其意义。课堂评价的对象无非是教育系统和教育系统中的人——教师与学生。对课堂的评价,应该反映教育的本质特点与教育实践活动的规律性认识,对教育系统中教师和

[①]叶澜. 新时代中国教育学发展之断想[J]. 中国教育科学(中英文),2021,4(05):3-9+114.

学生的评价也应该反映人的本质,反映教师劳动的特点和学生身心发展规律。否则,教育评价就将不是实质性的评价,而成为一种形式化的评价。由此,要解决该问题需要重新回归到教育本身,寻求课堂评价内在的价值。

1. 回归"学生主体":以促进学习为目的

第一,在课堂评价中,应当将学生视为课堂的"学习者",尊重学生的多种经验。这就意味着应该认识到一个学习者的经验是丰富多样的,无论是正确经验,或是错误的经验,都是其经验的一部分。因而在教育教学中,应当重视儿童的各种经验。特别是在对待儿童的错误经验时,更应该保持一种引导的态度,而非给予批评甚至惩戒。在封建社会,儿童被当作"小大人"来看待、灌输、背诵、抄写、体罚等方法是当时的主要教学方式。在近代自然浪漫主义的催生下,卢梭等人开始注意到儿童的经验。20世纪初,教育集大成者杜威更是将学生经验放在了重要的位置。杜威[①]认为,经验包含一个主动的、积极的因素和一个被动的、消极的因素,这两个因素以特有的形式结合在一起,消极和积极经验需要不断地"实验",不断改组、改造。发展至今,关于学生经验的研究成果已经相当丰富,学生经验的不断改进成为可能。因此,在这样的背景下,课堂评价更应该认识到学生经验的多样性,对学生的经验错误应有更多的容错性和引导性。

此外,课堂评价应突出学习性,指向学生核心素养的养成。学习功能是日常教学评价中最为重要的功能,课堂评价作为一种发展性评价,主要是以促进学生的发展为导向。上一部分已经呈现出学校教育课堂评价学习功能缺失的问题,体现在评价的内容过于偏、难、繁,未能够注意到学生的素养以及思维的养成。当今,随着科学技术的更新迭代、环境变化等全球性公共问题的滋生,OECD(世界经合组织)提出了核心素养(key competence)相关概念,要求人具有基本的交互使用工具的能力、在异质群体中有效互动的能力、自主行动能力。我国也确立了文化基础、自主发展、社会参与三个主要的核心素养领域。值得注意的是无论是欧盟、美国的核心素养,还是我国的核心素养都并不是线性的、简单的,而是与人所处的生活社会文化、个体个性相关。课堂评价作为形成性评价应当更为灵活丰富,以发展学生的学习为目标,促进学生核心素养的养成。因此,课堂评

[①] 约翰·杜威. 哲学的改造[M]. 北京:中国传媒大学出版社,2018:52-53.

价首先应该注重学生的基础知识的学习养成,为其未来发展打下基础。其次,还应考察学生的思维,将学生素养的养成与日常的学习结合起来,真正做到以评促学、学以成人。

2.回归课堂教学:以"评"促"教",用评价提高教师教研能力

"教学"是探讨学校教育时不可回避的议题,这促使近代以来的学者不断地对该问题进行探讨。如近代夸美纽斯、赫尔巴特(Johann Friedrich Herbart),现当代教育学家底特利希·本纳(Dietrich Benner)等教育学家都针对课堂教学问题提出了自己的见解,可见课堂教学的重要性。当前,课堂评价的"异化"表现为课堂评价"工具性"与"功利性"特征,课堂评价不是为教师与学生所用,其内在效用减弱,而外部利益性不断增强。因此,要解决课堂评价的"异化"问题,需重新回归到课堂之中,使得课堂评价为教师所用,成为提高课堂教学质量的工具。

回归到对课堂"教学"关注的思路,类似于教师行动研究的思路。教师作为研究者的理念,目的是让教师通过研究自己的课堂,提升自己的教学质量。英国著名的课程论专家斯滕豪斯[1](Lawrence Stenhouse)就提出了一种"研究取向的"(research-oriented)课程评价模式。自此以后,评价即研究(evaluation as research)作为一种崭新的课程理念传播开来,推动了轰轰烈烈的教师行动研究改革。比斯塔[2](Gert Bi-esta)曾指出,教育结果的测量并不局限在排名上,对教育投入与教育结果的相关测量也是研究的中心,目的是为教育实践提供一种证据基础。对教师而言,学生的日常学习表现是学生最真实的状态,也是课堂教学最真实的反馈,教师如何利用教学评价来改善教学质量很有可能成为教师改善课堂的关键。教师的课堂评价作为日常学习的"尺子",能够为教师提供最有力的证据,论证课堂中的有效性或者不足之处,从而帮助教师找到有效的改进途径。我国的新一轮基础教育课程改革至今已有20多年,课堂教学一直都是课程改革的重要部分,课堂改革的理念最终也需要落实到学校的课堂教学之中。同样,破除"五唯"必须落实到学校的日常教育教学中,落实到教师的教育教学工作上。只有这样,才能够真正提高教育质量而不为外在指标所束缚。

---

[1] 斯滕豪斯. 斯腾豪斯过程模式研究[J]. 才智,2009(10):214.
[2] 格特·比斯塔. 教育的美丽风险[M]. 赵康,译. 北京:北京师范大学出版社,2018:45-46.

3.回归教育的意义:对课堂评价中"人"的关怀

日常教学评价需要回归到对"人"本身的关注。课堂评价每天都在发生,而评价一定包含着对学生的评判;大大小小的评判有时候会让人过分关注评价工具,而忽视了学生作为"人"所应获得的关怀。何为教育？教育不仅仅目的是善的,其过程也应是善的。在日常教学中,如果缺少了"善",而更多关注竞争性、工具性的评判,对于学生而言,课堂评价只会成为加剧学生心理负担的推手。将学生视为"人"也意味着在课堂评价中应将学生视为"人",体现出对"人"本身的关怀。课堂评价主要发生在学生和教师的日常教学活动中,教师不应借用评价将学生分为"三六九等",而是应该从中发现学生个体所需要的关怀。诺丁斯[1](Nel Noddings)将关怀视为一种关系。她认为,虽然被关怀者看上去处于弱势地位,但是关怀者也需要肯定和鼓励。罗马不是一天建成的。学困生的相对滞后状态也不是一朝一夕形成的,课堂评价其实就是让教师正确察觉到学生的日常状态,对一些学习较慢、理解能力较弱的学生给予应有的关怀,及时纠正、改善其学习。

另外,在课堂评价中,将学生视为"人"还体现在课堂评价的教育性上。因为课堂评价也是教育的一部分,应该具有"教育性"意义。赫尔巴特在建构普通教育学体系时便倡导教育性教学。"教育性教学"强调了知识的学习与道德的养成可以共同实现。此外,赫尔巴特[2]还肯定了人对世界的多方面"兴趣",如"经验的兴趣"与"同情的兴趣",课程与教学可以从这些方面展开。课堂评价是教学的一部分,课堂评价也应该体现出教育性。这要求在课堂评价中超越知识体系本身,摒弃外在的"功利性""精致利己"等评价观念,更多关注学生道德的养成。并且,通过课堂评价,引导学生把多方面兴趣联系起来。通过课堂评价促使学生联合生活与知识,培养出一个真正的"人",而非考试的机器。

---

[1]内尔·诺丁斯.培养有道德的人,从品格教育到关怀伦理[M].汪菊,译.北京:教育科学出版社,2017:74-75.
[2]赫尔巴特.普通教育学[M].李其龙,译.北京:人民教育出版社,2015:86-87.

四、小组建设、自主管理及运行机制培训

(一)小组建设的意义

1. 灵动课堂的两条支柱

第一,导学案、活动单的开发及利用;第二,学习小组的建设。

2. 建立学习小组的好处

第一,体现"以人为本"的理念。第二,培养了学生之间的交流合作能力。第三,培养了小集体的团结(队)精神。第四,分组合作增加了学生展示的机会,增强了学生的自信心,特别是后进生参与课堂展示的机会更多了。第五,有利于落实"兵教兵、兵练兵、兵强兵"的小对子帮扶。第六,有利于实行分层次教学,教学中更注重学生的个体差异。第七,增强了学生自我管理的能力,更有利于班主任的管理。

(二)小组的组成

1. 怎样划分合作学习小组

合作学习小组的划分,有不同的原则。

(1) 组内异质

"组内异质"是指以异质形态分组。每个学习小组通常是由性别、学习成绩、能力倾向、智力水平、个性特征、文化背景等存在差异的成员构成的,成员之间存在着一定的互补性。"组内异质"是互助合作的基础。

(2) 组间同质

"组间同质"即要求各小组总体水平基本一致,力求均衡,并无明显差异。"组间同质"是全班各小组间展开公平竞争的前提条件。

2. 小组划分应注意的问题

第一,必须遵循"组内异质、组间同质"的原则。第二,适时进行小组微调和重组。设置一个流动组。

3. 合作学习小组人数设置

低段:2人组、4人组比较合适。中、高段:6人组、8人组比较合适。

4. 如何选拔小组长

小组长首先应该是学习较好的学生,这样的学生才能有余力帮助成员。其次是组织力强的学生,这样的学生才能使团队合作落到实处。再次是表达和应变力强的学生,能启发小组其他成员,共同进步。

（三）小组的培训

1.小组长的培训

第一,明确组长的责任和作用。第二,定期召开组长会议。第三,给小组长加"自助餐"。第四,适时地肯定、表扬、激励小组长。

2.培训小组成员

第一,通过讲道理,摆事实,加强学生互助意识的培养。第二,转变传统的学生评价方式。第三,开展集体主义教育和团队精神教育。第四,激发学困生学习的积极性和自信心。第五,进行合作形式的指导。

（四）小组的管理

1.进行事务分工

第一,任命学科组长、纪律组长、卫生组长、仪表组长、文明组长、考评组长等等。第二,增强每个组员的集体荣誉感、责任感和归属感。第三,让每个成员都感觉到自己在组内很重要,自觉自愿地为小组建设贡献力量。

2.小组文化建设

第一,制定组名、组号、组训。第二,制定组规、组徽、组歌、目标等。第三,作用是凝聚人心,激励小组成员,形成小组目标和团队精神。

3.制定规章制度

制定学生在纪律、学习、卫生等各方面应该遵守的一些要求以及相关的奖罚规定。

（五）小组评价

1.课堂评价标准

第一,展示小组成员的参与面。第二,内容的准确性、完整性、条理性。第三,声音是否洪亮,口齿清楚。第四,是否有询问、质疑、补充、点评,课堂纪律如何等。

2.课堂评价方式

第一,量化评分方式。第二,等级评分方式:根据小组成员的序号评分,如一号回答满分为一分,三号回答满分为三分,五号回答满分为五分。

3.小组奖励内容

第一,集体综合方面的奖励:周优秀小组、月优秀小组、学期优秀小组。

第二,个人、集体方面的奖励:优秀对子、优秀个人、优秀组长、优秀学科长等。第三,奖励方式:加分表扬,校讯通表扬,颁发学习卡、文明卡等。

第二节 学生的培训

一、学生基本能力培训

灵动课堂对学生核心能力的要求确定为注意力、观察力、理解力、合作力、语言表达和操作能力,如果在这六个方面获得有效提升,一定会让孩子终身受益。

一个班级里的学生虽然年龄相仿,但是个体差异客观存在,有的孩子心智相对成熟,做事相对老练,在注意力、观察力、理解力、合作力、语言表达和操作能力方面均表现突出,或者在其中某些方面突出,我们就可以将这些学生挑选出来,老师可以先对这些学生重点培训,同时,为其他学生树立榜样。

(一)从整理学习用品入手,抓细节,贵坚持,培养学生自理能力

现在的家长包办太多已经成为普遍现象,以至于孩子的自理能力比较差,甚至有些孩子特别差,几乎是一团糟。于是,我们可以利用班队活动课组织学生为自己做一件事——小的事情如怎样使用橡皮,大一点的事情如整理书包。教他们认识课程表,然后给他们讲怎样清理书包才有条理,使课本不零乱,看谁整理得最整齐、最美观。刚开始,同学们整理的书包并不是很美观,但经过反复练习,有一部分同学的书包已经整理得有模有样了。然后,再找出几个整理得比较好的书包给同学们看。并教育学生养成每晚整理书包的好习惯。平时还要求学生尽量做到自己的事自己做,如上学、放学自己背书包,要求小朋友学会跟家长说:我已经是小学生了,我会自己背书包,自己走进教室。这样家长也就不好意思再帮忙背书包了。慢慢地,学生学会了自己整理书包,并且整理得井井有条。

(二)掌握一些简单的劳动技能,培养学生的自理能力

班级刚形成时,我们会发现大部分学生没有劳动意识,也不会劳动,对一些简单的劳动技能很缺乏,更糟的是教室里总是被弄得很脏、很乱,没有人主动收拾。下午放学打扫卫生时,可以选留几个学生,把要做的事明确地告诉他们,然后在劳动过程中,教师边做示范边让学生做,边检查,打扫完以后,总结一下打扫情况,对做得好的小组或个人及时给予表扬,肯定他们的成绩,指出以后打扫时还需注意的问题。教师一定要做到经常和他们一起劳动,对不正确的行为再进行指导,开始叫他们做可能比老师自己一个人做还要吃力,但通过一段时间的训练,到值日时,学生一个个都会干得有模有样,学会了如何把教室打扫干净,动作也熟练了。当然,学生自治、自理能力的培养需要做好家校沟通,最大限度取得家长的支持,这是不可忽视的。

二、巧妙运用"伙伴教育法"

榜样的力量非常大,一个小伙伴就是一位小老师,小伙伴的勤劳、能干会启发激励学生。从班里找出能力较强的学生或某个方面自理得比较好的学生,对他们的行为给予表扬、宣传,让他们给同学们树立榜样,让自理能力差的学生有所触动,并把这些孩子选为班干部,让其他学生向他们学习。然后在班里实行干部岗位责任制和轮流值周的制度,做到分工明确,责任清楚。组长每天收发作业本,管好自己组的纪律,抓好每天的卫生工作。班长每天负责收发全班的作业本,管好全班的纪律、卫生等。然后让他们每天向班主任汇报一次,对做得好的予以肯定,做得不够好或不能大胆做的给予指导,并授以具体的工作方法,鼓励其再大胆工作。班干部在自己学习、生活、自治、自理的基础上会初步学会管理班级。

三、学习小组培训

据资料显示,小组合作学习于1970年兴起于美国,1980年起在世界范围取得实质性进展,1990年起在我国部分地区和学校进行了实验研究。小组合作学习是以3～6人组成的小组活动为主体而进行的一种教学活动。它把一个班的学生按照学习能力、学业成绩、思想品德、心理素质、语言表达能力等因素"平均"分成若干个"组间同质、组内异质"的小组,教学过程的所有环节都以小组活动为核心,培养学生主动探索、积极创新的精神。我们在灵动课堂中的具体做法如下。一是小组合作分工学习,即将某一大问题或大任务分割成一定数量的小问题或小任务,小组成员各自承担一定量的小问题或小任务,在各自完成的基础上,再进行合作总结。二是小组合作讨论学习,即小组成员具体围绕某一个问题展开讨论,发表自己的意见和建议,最后和小组成员达成共识,解决问题。三是小组合作交流学习,即针对某一问题,小组成员在自主研究的基础上,在小组内进行交流,相互学习,互相帮助,共同提高。目前,我们在教育教学工作的过程中,对如何有效地开展小组合作学习,如何在小组合作学习的方式、方法上取得实质性的进展的研究已经比较成熟。

在构建合作学习小组时,应注意结构的合理性。分组时应注意以下几点。①小组人数要合理,一般以4~6人为宜。②分组应遵循"组间同质,组内异质,优势互补"的原则。③小组成员应是动态的。可以是组间男女生的互换或流动,也可以是组间某些角色的互换或轮换,还可以按活动主题的需要让学生进行自由组合。班主任在学习小组建设的过程中,必须要结合班级和学科的具体特点,在具体实施时可以采用按座次就近组合和以项目为基础的小组组合。依据学生学业水平、能力倾向、个性特征、性别等方面的差异来安排学生的座位。

确定组名,选定小组格言,制订小组发展目标和规划,提出小组口号,建立墙面小组文化环境等,这些都需要教师从精神文化建设方面进行引导和培养。优秀的小组会很快树立合作意识、目标意识、竞争意识和小组荣誉感。

建立一套有序的合作规则。每个小组成员必须进行合理分工,明确职责。小组内应设小组长、记录员、汇报员各一名,还可以根据不同活动的需要设立不同的角色,并要求小组成员既要积极承担个人责任,又要相互支持、密切配合,发挥团队精神,有效地完成小组学习任务。

培养学生的合作意识。最有效的合作学习应该是学生学习的自发性行为,成为学生的一种学习习惯和学习策略,而不是只有在老师的要求下才进行的,因此要想在课上课后有效地开展小组合作学习,应注重培养学生的合作意识,灵动课堂的实施是通过以下方法来完成的。

第一,建立相对稳定的合作学习小组。经过长期的合作学习之后,使学生感觉到我们是一个学习小组,我是这个小组的一员,我们之间相互帮助,资源共享,共同提高。潜移默化地培养学生的合作意识。

第二,老师的介入和深入。在课堂教学的过程中,老师适时地介入小组中去,参与他们的讨论、展示,把科学合理的方法表现出来,悟性高的学生很快就会掌握操作策略,也就会越来越产生积极合作学习的欲望。

第三,开展竞赛活动促进组际之间均衡发展。经常开展一些小组合作学习竞赛活动,班级每周产生优胜学习小组,学校每月或每学期进行评优表彰,激发学生合作的积极性,逐步将合作学习内化为学生的学习习惯和学习品质。

四、科研小组培训

人类的发展与进步离不开科学探究和科学发明,那么我们的教育目标也应该包含努力培养学生的科研兴趣,提高科研能力。在我们加大教学改革力度的今天,培养学生的创新能力是科学教育的核心,那么,应该怎样培养学生的科学探究能力呢?小学生的年龄特点决定他们对新鲜事物充满好奇,经常爱问这是什么?那是什么?还要寻根觅底地追问这是为什么?这种由好奇心引发的认识兴趣和求知欲是十分可贵的。教师可以要求每个小组通过合作制作一个羽毛球,制作过程如下:①取250毫升空饮料瓶一只,将瓶子的上半部分剪下;②将剪下的部分均分为8份,用剪刀剪至瓶颈处,然后,将每一份剪成大小一致的花瓣形状;③将泡沫水果网套套在瓶身外,用橡皮筋固定在瓶口处;④将另一只泡沫水果网套裹住一粒玻璃弹子,塞进瓶口,塞紧并露出1厘米左右;⑤剪下半只乒乓球,将半球底面覆在瓶口上,四边剪成须状,盖住瓶口后用橡皮筋固定住;⑥美化修饰后,一只自制羽毛球完成了。

学生按要求完成了,各小组将做好的羽毛球进行展示,到体育课的时候用羽毛球拍打一打,相互体验各组的羽毛球,看看效果怎么样。此时此刻学生们都产生了奇妙的感觉,因为每个羽毛球肯定都有差异,要研究的问题竟是如此奇妙,学生一定会情绪高昂,精神振奋。

利用周围环境,激发好奇心,吸引学生兴趣。教师可以给某个小组布置一项任务或者几个学习中的问题,让他们去探究结果,最后向老师汇报。要求以"探究"为核心,把过程记录下来。这样一来,其他小组的同学就会产生各种心理和欲望,有的是也默默开始行动,有的是想自己参与到有任务的小组,对学生学习兴趣的培养会起到非常积极的作用。因此,教师要把更多的时间留给学生自己去"活动",让他们自由观察、测量、发现、探索,并进行记录,而不是给他们更多的答案和结果,亲身经历周围环境并以探究为主的学习活动,可以培养他们的好奇心和探究欲,能吸引学生广泛的学习兴趣,也能发展他们对科学本质的理解。[①]

兴趣产生了,就促进了学生科学探究技能的初步形成,进而教师就可以逐渐地培养学生对科学研究、探究的能力。

平时的学习活动中,教师要引导他们注意观察周围事物,鼓励孩子提出问题,问题提出来后,教师不是直接给出答案,而是设计好实验和问题,让学生自己去操作和相互讨论。在教师的引导和建议下,孩子们自己动手做实验、搜索证据、观察、提问、设想和验证。在这个过程中,一定要指导学生学会分工合作,这样既能节省时间又能让他们各自发挥长处,即所谓"灵动"。因为合作是学生自主探究能力形成的前提,也是师生交往共同发展的互动过程,而其中的生生互动常常让学生之间互相启发,互相激励,共同发展。如教学"哪杯水多"一课,当学生比较哪一个杯子里的水多时,教师出示实验器材:各种杯子、尺子、量筒、滴管作为教具。教师说:"提出一个问题往往比解决一个问题更重要,但是解决一个问题要比提出一个问题容易。现在的任务一个人能完成吗?"让学生瞬间意识到了合作的必要性,再以"你们打算怎么做"引导学生自我解决具体合作的方法。这样的教学,极大地培养了学生的合作意识。

了解每一位学生,因材施教,根据学生的兴趣爱好在班级里建立一个科研小组,这个科研小组使每一个热爱科研的学生都有机会展现自己某一方面的创新才能。除了常规的课程之外,教师在学生提出问题、动手操作、自己的创新时,要积极给予鼓励和帮助,善于听取不同意见,要让学生把话讲完。然后根据学生的方案要求,必要地给予适当的指导和辅导。既让学生有充分表现的机会,又使学生的探究创新得到完善,使具有热爱科学品质的学生、在某一方面有创新才能的学生得到最优、最大化的发展。

五、行政管理小组培训

小组形成之后,小组的整体成绩就成了评价和激励的依据,那么,小组的"领头羊"就显得尤为重要了,具体的产生办法是这样的。首先是推荐,自我推荐和他人推荐都可以,但必须要有明确的要求,正副组长的职责就

---

① 杜安国.何小梅.高校文化育人理念与实践[M].广州:广东高等教育出版社,2019:80-81.

是要求的基本条件。其次是演讲,积极自愿参加竞选的同学,通过演讲竞争的形式取得大家的认可再获得支持。最后是确定。根据参选者和班里学生的实际情况,可以先在班级里举手表决初步产生,然后班主任和班委会成员共同商议,最终确定各组组长和副组长,正组长的要求主要体现在学业水平超过班级前三分之一人员成绩,同时学习方法上能给他人以帮助和指导;副组长主要是组织管理能力要强一些,可以理解为行政组长。

组长产生以后,班主任的主要精力就要运用在组长培训培养上了。

第一,要求每个组长明确自己的职责。第二,随时了解组长的思想状况,及时鼓励和帮助他们解决问题。第三,随着时机的成熟,赋予组长相应的权利。如发现组内成员在某些方面有突出表现,可以推选班干部候选人等。第四,在班级里经常肯定组长的工作,号召大家尊重并配合组长的工作。第五,定期集中培训组长的同时,还要结合实际情况进行分散培训。第六,班级里每个组长都要牢记并践行"组长公约"。例如:"其身正,不令则行;身不正,令则不从""打铁还得自身硬""律人者必先律己"。

小组有了主心骨,班主任老师的思路变培养单一型人才为培养多功能人才。组长发现和利用组员的优势进行管理,副组长要对组内成员的学习、纪律、值日等全面考虑,及时处理组内突发性事件,研究组内出现的问题,及时和班主任沟通,得到各项任务通知及时发布。组长要能保证组员无论是课前预习还是课堂上的独学、对学、群学都是在配合老师顺利进行教学活动,把组员学习方面现状及时与任课教师沟通,督促组员及时完成作业,同时也积极协助班长、班主任开展工作,组织好课堂纪律。

这里对班委会成员的确定,班委会的成立做一点补充介绍。

魏书生先生曾说过一段这样特别让人温暖的话:"班级像一个大家庭,同学们如兄弟姐妹般互相关心着、帮助着,互相鼓舞着、照顾着,一起长大了、成熟了,便离开这个家庭,走向了社会。"[1]静心思考,作为班主任的我们怎样把这个家庭管理好呢?组建一个科学民主的班委会尤为重要。具体操作办法可从这几个方面入手。首先,在班级一开始形成时,安排全体同学做自我介绍,班主任对学生就要有初步认识,为后面的正确引导打下基础。其次,逐步全面了解学生并发挥其特长。再次,采用自荐和他荐的方法确定候选人和确立班干部培养方向。最后,采用民主选拔产生各职能

---

[1]魏书生. 教学要常教常新[J]. 语文教学通讯,2020(35):1.

职务,班委会成立。班委会的成立应在各组长产生之前,这样,从程序上讲科学一些。

六、学习流程培训

灵动课堂认为,教学流程包括预学(独学、合探)—展示(组内、班内)—反馈(巩固、测评)三大模块。但是在具体学习的过程中,课堂操作流程细化为9个点:①创设情境,导入课题;②明确学习目标;③个人独学、对子对学、小组群学(学习过程灵活);④展示(组内展示,班内展示);⑤学生评价、教师点拨;⑥小结、拓展、提升;⑦反馈(随堂小测);⑧反思(个人反思,小组反思);⑨教师课堂小结。

以上是课堂学习流程,从时间安排上来说,应该还有课前任务,一般我们发放导学案,让学生利用导学案进行预习,发现疑难问题记录下来,然后带到课上小组进行交流(学生有一定自学能力、养成一种习惯、掌握了一定的学习方法时一般课前一两天发放)。为了预习的有效落实,小组长要做好检查工作(增设"诚信"评价),这个落到实处了,可以替代课堂上的独学环节,养成习惯后,教师充分了解学情并组织各组做好课前互评和自评即可。到了课堂上,让学生把自己在预习中的收获也与小组同学一起分享。不管是哪种情况,目的都是让学生初步了解和把握本节课的基本内容和基础知识,对还有哪些不懂的问题做到心中有数。所以,独学、对学、群学,这些环节的时间要根据教学内容多少而定。

相邻层次结对,对照导学案,相互查漏补缺,重在解决小问题。

全组群学:组长组织组员,对照导学案,有秩序地交流学习成果、讨论未解问题,出现分歧要说明理由,取长补短,求同存异,获得共识,解决大部分甚至全部问题,达成基础目标。

组内展示,即"小展示"——人人过关的同步展示。争取做到全员发言,即便是做到"我同意xxx的想法"这样的发言,都不能不参与小组学习。

班内"大展示"实际上就是集中解决问题和成果共享。需要强调的是,无论组内小展示或班内大展示都要明确,展示一定是"深化提升、拓展生成",而绝不是对导学案上问题答案的重复性讲解(都会的不展示,都不会的更不展示,在大展示环节一般不展示比较基础的内容)。展示要透过现象(问题)看本质;在知识的生发点、易错点、拓展点实现知识的前挂后联,达到"举三反一"(文)与"举一反三"(理)的目的。简单地概括为,群学就是解决共性问题,发现新问题,探究新问题。独学是基础学习,对学是常态交流,群学是高度升华。

在整个学习流程中,获取知识和方法是同等重要的,引用王红顺[1]老师的观点:"鱼+渔+欲=灵动课堂学习。"

有效地发挥评价功能,就能充分地调动学生学习的积极性。在课堂上,不管是老师还是学生,在有人发言时都不要出声,倾听他人讲话完毕后再发表自己的见解。这样既能养成倾听的好习惯,又能为客观评价提供依据。技巧上讲,初期一定要放大评价,尤其是形式上,例如"xxx说话时声音洪亮,语速适中,让我们听得很清楚""xxx神态大方自然,肢体语言得当,展示出了你们的自信"。中后期淡化形式,重在内涵上的评价,围绕学习目标、学习深度、知识理解与运用方面的评价。同时,没有老师的介入、引导学生的认知就不会升华。什么时候介入?在灵动课堂教学模式下,教师在介入时应把握以下几个时机。①课堂缺乏活力时适时介入。②学生遇到困难不解时适度介入。③学生理解失误时适时介入。④课堂秩序混乱时及时介入。这里的介入既是教师的拨云见日、点石成金,也是教育评价机制的有效体现。小结不是简单地将内容重复一遍,应该是课堂环节的起承转合,是学科内的小拓展,是学习内容的提升、升华。课内测评:语文多为说收获,谈心得,口头或书面表达。数学多为变式训练题目检测。特别强调的是要精心选编习题,首先选题要有针对性(课时目标)和典型性(也可以是教师根据经验随机确定的题目);其次题型要多样,题量要适中,题目按照易中难5:3:1的比例设置,以3~5分钟内能完成为宜。

课堂上个人自主反思和小组集中反思可以同时进行:我们的导学案留有一定的空白,学生对学习的内容、问题、方法、行为表现及启示、经验、感悟可以简单地以书面形式展示出来,这是我们三番五次修订导学案,以免宝贵的"再生资源"丧失的一个成果。反思不能面面俱到,要对照目标,突出主题、问题,有实质内容,哪怕反思一个点,也要点点落地。

结课无定法,好在巧运用。课堂小结并不是课堂教学的结束语,它应当鼓起学生思维的风帆,使学生对教学内容有所感悟而渐悟其理,还能充满情趣,培养学生自主探索的求知欲望,激发学生再学习的兴趣。因此,

---

[1] 王红顺. 教室门口的教育学[J]. 班主任之友(小学版),2018(Z2):51.

无论是提纲挈领,归纳总结;还是动口动手,边练边测;还是巧设悬念,承前启后;抑或是知识梳理,绘图列表,联想对比,区别异同,都应关系到学科特点、课堂教学效果,包括要根据学生年龄、课型特点、教材内容等具体情况,灵活地、创造性地安排好"结尾",切忌生搬硬套,千篇一律,这样才能收到既别开生面,又言简意明,还耐人寻味的效果。

七、学生自主管理委员会培训

魏书生先生提出的"人人有事做,事事有人管"的管理模式特别适合灵动课堂下的"学生自主管理"。学校把各项工作区域性划到各班,各班再结合本班的实际把各项具体事务和管理工作分到每一个学习小组,小组长根据组内每个人的实际特点分配到人,然后教师提出具体明确的任务和要求并公布,张贴在教室养成教育专栏里。

学生养成良好习惯的具体行为内容与扣分标准都有细则明示。

学习:负责监督各个学习管理员履行职责情况,帮助他们解决工作中的难题,检查他们各项记载是否落实和公平,及时向各科老师反映他们和学生的建议与要求,每月统计和比较他们的扣分结果,并依据此结果评出学习方面的先进管理员。

纪律:负责全班课堂、课外、参加学校集体活动、就餐、午休等纪律的维持,检查和记载月底和期末汇总纪律扣分结果并负责评选模范守纪先进小组和个人。

卫生:负责检查本班个人、教室、环境区等卫生的保持情况,记录不讲卫生的各种不良行为,月底和期末汇总全班各项卫生扣分,并据此评出卫生先进小组和个人。

文明礼貌:检查监督本班学生在学校期间对同学、对老师、对家长、对他人不文明、不礼貌的各种行为,月底和期末汇总全班文明礼貌扣分结果,并据此评出文明礼貌先进小组和个人。

班级制定学生自主管理细则,也是明确自己今后的努力方向。同时能够明白学生在活动过程中的不足,学生的自我管理能力评价可以通过让学生自己填写自我评价表的方法,反映出自己学习活动过程中的情感、态度、困难和经验,反映自己的学习情况。使学生全面了解自己的学习过程,同时也能取人之长,补己之短,感受自己的不断成长和进步。之后把记录评价结果交给任课教师,以便教师更好地、更有针对性地进行引导和指导学习活动。

班级建立学生自主管理评价表,评价项目包括各小组课堂交流情况、合作学习的主动性和实效性,以及课堂提问、质疑、答辩和课堂讨论展示参与的积极性,每天由学习委员如实记录,每周汇总,结果上墙,作为周、月、学期评优的依据之一。

(一)学生自主管理的组织体系

学生自主管理委员会成员:班长、大队长、学习委员、学生自主管理小组的两名学生。

(二)学生自主管理委员会工作程序

学生自主管理委员会由每组推选出的两名学生组成,由班长、大队长、学习委员管理,具体工作有明确分工。

学生自主管理委员会委员必须有任职资格(符合要求),必须民主产生。一是具有良好的道德品质和个人素养,热爱集体、热爱学校、乐于奉献;二是具有较强的自控能力,严格要求自己,能自觉、模范地遵守校纪班规;三是具有高度的责任心和较强的组织管理能力,认真对待并及时完成任务;四是班委会负责人每周将各组情况汇总,结算分数,对表现优秀的小组进行加分;五是组长(2人)根据小组成员的自我管理的具体表现给个人进行评价得分,作为后期评选"班级之星"的重要依据。

实施学生自主管理,旨在提高学生自我管理的意识和能力,充分调动和发挥学生的主动性、积极性和创造性,培养和提高学生自主学习、自我发展的能力,让学生由被动管理走向主动自律,让一部分学生做全班同学的榜样,带动全班同学养成讲文明、守纪律、爱学习的良好习惯,共同营造和谐上进的班级气氛和良好的班风。

第六章 基于整体育人理念的灵动课堂教学模式的构建

第一节 灵动课堂教学模式概述

一、相关概念的解读与界定

模式是一种重要的科学操作与科学思维的方法。它是为解决特定的问题,在一定的抽象、简化、假设条件下,再现原型客体的某种本质特征。它是作为中介,更好地认识和改造原型客体、建构新型客体的一种科学方法。

教学模式是指在一定教学理论或教学思想指导下,在实践中形成的相对稳定的教学活动的结构和方式,是教师在教学工作中,自觉或不自觉地进行教学组织和设计的一种活动。

管理是指管理主体组织并利用其各个要素(人、财、物、信息和时空),借助管理手段,完成该组织目标的过程。包括管理规则的确定、管理资源的配置、目标的设立与分解、组织与实施、过程控制、效果评价、总结与处理等。

教学模式管理就是学校教学管理者就教学模式的制定、运行、完善、评价以及为达成目标进行资源配置的过程。

灵动课堂教学模式管理研究就是在该模式在学校运作多年的基础上通过课题组成员大量的教学实践与研究活动,以归纳的形式探讨推进模式的必要性、可行性。沿着模式发展轨迹研究模式运行过程中的主要的问题以及提出改进措施,以问卷与沙龙等方式对这一模式对课堂教学以及教学质量的影响展开研究,以发展的眼光探讨模式与学生核心素养养成之间的关联度,并提出聚焦核心素养,完善灵动课堂的合理化建议。

二、灵动课堂模式的内涵、目标以及操作要领

夸美纽斯提出研究教育的根本宗旨是"使教师因此少教,学生因此而多学,让校园充满着欢乐"。[①]灵动课堂模式正是基于"以学定教,教为不教"这个目标而展开的。

(一)灵动课堂的主要内涵

灵动课堂是指以"问题解决"为基石,以学生有效思维能力的提升为核心,以学生的成长为根本,在学生发现问题、解决问题的过程中教师合理引导,在师生、生生的多向互动中,促成学生自主归纳、自我提升的教学模式。在此过程中,教随学定,教是灵动的,学随思定,学也是灵动的。

(二)灵动课堂的主要目标

第一,进一步规范教学行为,优化教学常规。主要通过导学案的规范编制与合理使用,来规范教学行为,进一步提高备课质量、优化板书设计、完善学生笔记和规范学生作业等。

第二,进一步端正教学思想,更新教学理念。在规范教学行为的基础上,努力克服课堂教学中的"新授课复习化、复习课习题化、讲评课标准化和导学案全能化"等功利化倾向。

第三,进一步继承教学传统,提升教学品质。在端正教学思想的基础上,努力继承严谨教学、开放教学、精细教学等优良传统,积极打造凸显主体、提升能力、着眼长远的灵动课堂。

(三)灵动课堂的操作要领

1.预设问题,引导预学(10~15分钟)

预设问题的载体是导学案,导学案是指教师依据学生已有的知识及认知水平,为指导学生进行主动的知识构建而设计的学习方案。导学案结构包括:课标导读、问题导思、例题导练三大块,其中问题导思包括预设问题、生成问题。问题获取需要备课组合作解决。预学时间各学科不同,时间充裕的可用自习时间充分预学,时间不充裕的学科约用课堂的10~15分钟。

2.生成问题深化思考

学生在预习的基础上生成新的问题,教师据此形成新的教学内容即疑

[①] 夸美纽斯. 大教学论[J]. 阅读,2018(47):65.

难点、拓展点,此时的重点不是教师备课时自己以为困难的地方,而是大部分学生预学时觉得困难的地方,实现从教师带着书本走向学生,变为教师带着学生走向书本,学生带着问题走向教师的转变。

来自学生的问题,除学生在学案中问题生成部分直接提出之外,教师还应善于从以下渠道发现、收集、概括问题,如由自主学习中的困难、成果提炼出的问题;学生小组展示中暴露或生成的问题,在课堂学习过程中不断生成的新问题;等等。

3.探究问题合作学习(10~15分钟)

展示:学生展示学习成果,包括对导学案中预设问题的解答、小组合作的成果、预习或课堂探究中生成的新问题。有条件的学科可事先收集、归类,以使展示更有代表性,解决问题更有针对性。注意归类总结、归因分析。要注意的是不能全部展示正确的解答,展示错误更重要,正是通过展错后的纠错,才能实现课堂目标的高效落实。[①]

探究:有生生合作探究和师生合作探究两种形式。生生合作探究的流程是展示、评价、完善。由学生对问题进行解答、评价、补充。师生合作的内容为重难点问题和学生没有解决到位的问题,教师加以引导、点拨,从知识层面和思想方法、解题技巧方面形成正确认识。合作探究环节中,能让学生讲的要尽量让学生讲。

4.提炼问题归纳总结(10~15分钟)

课堂在集中解决问题的基础上,教师对本课知识能力的关键点进行提炼概括,对课堂进行有效总结,提炼规律,摸索方法,进而不断深化学生的思维,逐步培养学生自主归纳总结的习惯和能力。

提炼总结的形式有以主板书形式呈现网络化的知识结构(主要是重难点)、以副板书形式呈现层层提炼形成的思想方法、以投入的情感语言进行的价值引领。当然这一步骤到底怎样呈现,视不同学科而定,理科习题课堂也可就思想方法进行提炼总结。

5.反思问题,巩固拓展(5~10分钟)

教师通过引导学生对问题解决过程的反思,并在此基础上对现有的知识进行巩固、拓展与延伸,夯实基础,在理解、体验、感悟中生成新的知识,挖掘出学生的创造能力和潜在智慧。

[①] 蔡振荣.灵动课堂:初中美术教学中的情感教育[J].华夏教师,2018(05):58-59.

这一流程可以通过例题验证、变题训练做到让学生会举一反三。其中例题要精选2～3题，要有典型性、层次性，教师点评不能就题讲题，要有知识、能力、思想方法的提炼。

第二节 享灵动课堂教学模式的要素、特质与高效建构

一、"三驾马车"驱动课堂的灵动

导学案是对历史的传承，现代教育技术是有机融合时代信息，合作学习是灵动课堂的根本体现也是现代教育培育学生核心素养在课堂上的最有效手段。

（一）导学案的编制目的、原则及基本要求

1. 导学案的编制目的

课堂因预习而有效，真正的预习才是真正的学习，学生在课堂上学得好还是不好，可能是由其在预习上投入的多少决定的。导学案是学校在"一体化"教学模式基础上，根据每一节课所需教学知识的特点、教学目的，依据学生的认知水平、知识经验，为指导学生进行主动的知识建构而编制的学习方案，是通过教案与学案的有机统一，设立师生双边活动，从而完成预定教学目标的师生共用的教学文本。使用导学案的目的在于：让学生有预先学习的载体，带着重难点去自主探究学习；导学案可以在课堂上有效创设合作学习情境；实现学生学习的主体地位和教师主导地位的有效结合；增强课堂的有效性、时效性和实效性；尊重学生个体差异，有效实施因材施教。

2. 编制导学案的基本原则

（1）主体性原则

导学案必须立足于学生如何学，要做到能充分发挥学生的主观能动性，充分尊重学生的个体差异，充分体现学生的主体地位。

（2）导学性原则

"导"就是指导、引导；"学"不是讲，也不是教，是以学生学为根本要求；"案"是一种方案，一种设计，不是知识、题目的简单堆积。导学案的编

写要突出体现"导学",重在引导学生学习,而不是一味做练习,要通过由简单到相对复杂的问题设置,阶梯式学习内容的呈现和有序的学习步骤安排,引导、鼓励学生由浅入深、循序渐进地进行合作探究,培养学生的素质和能力。

(3)探究性原则

使用导学案的目的是要培养学生的自主学习能力,导学案的编制内容由易到难,分层探究,有序引导,逐步生成,要通过对知识点的设疑、质疑、解惑,来激发学生思维,培养学生的探究精神。课堂教学要在注意有序性的基础上注意教学的无序性、学习内容的变动性和思维的离散性。

(4)简约化原则

一般学科每一节课的导学案以16开纸一张为宜,做到内容的简约而不简单,在取舍之间显现教师的教学功底和知识的建构能力,有留白,以培养学生的归纳、想象能力。

3.导学案编制的基本要求

(1)以教材为基础

编制导学案前必须深入研究教材,紧紧围绕三维目标的要求,提炼知识脉络,把握重点,研究新旧知识的内在联系,找准关键,研究学法,探寻规律,深挖感情因素,为导学案的编写打好基础。编写导学案应该以学生为中心,根据学生的需要对教材的内容和活动进行取舍、补充、删减、调整等,要从"教教材"转为"用教材教"。

(2)以目标为导向

整个导学案必须以课程目标为依据,以学习目标为中心,以课堂目标为抓手,紧扣各类目标落实来设置学习问题和学习过程。

(3)以问题为主线

如前所述,灵动课堂的根本特征是以思维为核心,而思维的载体就是问题的提出与解决。问题主线是导学案的灵魂所在,强调问题设置的层次性、问题的内在联系、问题与目标的关联度以及问题链的必要性。

(二)现代教育技术的运用、优点及要求

1.现代教育技术

20世纪60年代,教学媒介进入计算机时代,斯坦福大学开展了对计算机辅助教学的最初调研。20世纪90年代,教学设计与技术领域的融合得到显著发展。

现代教育技术是把现代教育理论应用于教育、教学实践的现代教育手段和方法的体系。灵动课堂现代教育技术指向为教育教学中应用现代技术手段进行教育、教学活动的方法。具体来说是指利用投影仪、电子白板、交互式电子白板等现代教育教学手段来开展教学。其中前期以电子白板为主,后期交互式电子白板逐渐普及。

2.现代教育技术的优点

(1)方法多样化

现代教育技术的运用为教学方法的多样化提供可能。在计算机网络通信工具的支持下,分组讨论,合作学习等自主学习方式得以实现。计算机的模拟功能和虚拟技术可以让学生进行角色扮演和虚拟实验,网络以其开放的空间和广泛丰富的资源为学生的自主学习和探索创造了条件。

(2)内容情境化

学生学习的过程就是不断创设问题情境、引起学生认知冲突、激发学生的求知欲、使学生的思维在问题思考与探索中得到促进和发展的过程。电子白板将文字、图形、动画和声音有机地编排在一起,向学生提供丰富的感性材料,使内容形象化,使学生形象生动地进入教学情境中。

(3)教学趣味化

电子白板作为一种新型教学手段,不仅有利于激发学生的学习兴趣,有效地吸引学生的注意力,而且能改善传统的黑板教学课堂气氛沉闷、学生听课效率不高的弊病,是为师生带来全新体验的轻松教学模式,使课堂充满灵动。基于计算机的学习系统的大量开发,其本质特征就是可以供学生参与各种问题解决,即基于问题的学习环境。

(4)反馈即时化

现代教育技术增强了信息反馈的及时性。优化教学过程,实现教与学的和谐发展的关键环节在于"信息反馈",学生在学习过程中的信息反馈是教师不断改进和完善教学设计和教学过程的重要依据。

3.合理运用现代教育技术

(1)观念要转变

电子白板最突出的功能是它的交互性,电子白板的使用对教学带来的最大变革是从预设到生成。所以电子白板的有效应用不应是"新瓶装旧酒",要避免把它当作具有"写、擦"功能的高级黑板,或者像用PPT一样,只作为演示工具。

(2)功能要熟悉

用好电子白板,首要的不是课件制作,而是基于白板的教学活动的设计。所以老师在设计课前,先充分熟练交互白板的各种功能,这样在教学活动设计时才能有意识地将白板所带有的交互能力融入自己的教学设计理念中。

(3)操作要熟练

教师上课时,对电子白板各种功能键操作要熟练,熟悉电子笔的使用、各个工具栏的功能,注意在白板前的站位,这样有利于课程按照自己预设的思路进行。

(三)合作学习的概念、要素及作用

1.合作学习

合作学习就是以学习小组为基本形式,系统利用教学中动态因素之间的互动,促进学生的学习,以团体的成绩为评价标准,共同达成教学目标的教学活动。

合作学习是一种以异质小组为基本单位,通过师生、生生互动合作来促进教学,并以小组成绩作为评价标准的新型学习方式。不管课堂精彩与否,重要与否,对于一位没有参与课堂的学生来讲,一切都无从谈起。相信学生的能力,教师在课堂中"退位",以生为本的组成形式是学生参与课堂的重要条件,合作学习则是最重要的课堂组成形式。

2.合作学习的基本要素

合作学习的重要代表人物约翰逊[1]兄弟认为,合作学习包含以下5个要素。

(1)积极的相互依赖

合作学习中,学生们应知道他们不仅要为自己的学习负责,而且要为其所在小组的其他同伴负责。具体而言,小组成员在目标、奖励、角色、资料、身份、环境等方面彼此依赖。

---

[1] 大卫·W. 约翰逊,罗杰·T. 约翰逊. 合作性学习进阶,全新的考查[M]. 上海:上海科学普及出版社, 2008:104-105.

(2)有效的相互作用

合作学习中学生之间有机会相互交流、相互帮助和相互激励。合作学习只有通过彼此的相互作用,才能产生预期的合作效果,如在合作中一同解决某个问题,在合作中加强彼此人际交往,在合作中,了解团队的精神力量,通过彼此的学习表现提供反馈,进一步促进彼此的学习动机,不断完善自己的学业结构并有效建立良好的人际关系。

(3)个人责任

指每个组员必须承担一定的学习任务,并掌握所分配的任务。为了落实个体责任,每个组员的作业必须受到评估,并且,其结果要返回到个体组员。小组成员们必须知道在完成作业的过程中,谁最需要帮助、支持和鼓励,确保成员的参与度。

(4)社会技能

这是小组合作是否有效的关键所在。为了协调各种关系,达成共同的目标,学生必须做到:彼此认可和信任、彼此进行准确的交流、彼此接纳和支持、建设性地解决问题。只有这样,组员之间才能进行有效的沟通,学会共同的活动方式,建立并维持组员间的相互信任,以及有效解决组内冲突等。真正的共同体的特征在于现实是共同联系的关系网,我们只有存在于这种共同联系中才能认识现实。

(5)小组评价

指小组成员对小组在某一活动时期内,哪些组员的活动有益和无益、哪些活动可以继续或需要改进的一种反思。对小组成员的角色进行有效评估,进而有目的地进行角色调整,可以最大限度发挥合作学习的功效以及促进成员的进步。

3.合作学习的作用

(1)学生的主体地位彰显

合作学习就是小任务的分块完成以及大问题的协同解决。首先,每个成员的任务角色决定了作为组员必须以自己的学习基础、问题解决能力去完成任务。[1]其次,重大问题的解决不再具有依赖性,教师只是主导,在合作中,每一个成员都有可能是关键人物,学生的主体意识增强。再次,合作学习本身就是一种研究性学习,学生的自主是合作学习的最核心所在。

---

[1]陈海烽.灵动课堂[M].西安:陕西师范大学出版社,2018:66-67.

(2)养成独立思考的习惯

合作小组以学生自愿组合为前提,实施组内异质,组间同质,学生根据自己所能到达的程度,担任一定的组内角色,在任务完成后,按各自能力与专长分工合作,尽最大可能独立思考完成自身角色任务。

(3)强化学生的责任感

每一个合作小组任务的完成以及最终获得的评价都不是割裂的,也不取决于个别成员的努力,在合作学习中木桶理论显得尤其突出。因此,为了全组成员的共同利益和对其他人负责,组内成员必须全力以赴,唯有如此,才能得到团队的认可,个体的责任感才能得到进一步强化。

(4)促进人际关系的和谐

合作学习的前提是和谐人际关系的建构,同时,合作学习建构了和谐人际关系。首先,教师作为机动组员在各组内进行观察、指导或纠正,课堂教学气氛显得轻松、活泼而又团结互助。其次,学生通过言语、肢体以及各种载体进行交流,促进了学生间的彼此了解,为完成小组合作学习任务而进行的相互帮助、相互支持、相互鼓励,更促成了亲密融洽的人际关系的建立。

(5)催生评价多元

合理评价是小组合作成功与否的保障。组内成员的互评是重要一环,重点点评小组成员的合作态度和合作质量;小组合作学习把个人之间的竞争变成小组之间的竞争,形成了"组内成员合作,组间成员竞争"的新格局,使得整个评价的重心由鼓励个人竞争转向激励大家合作达标。

二、灵动课堂的基本特质及指向

(一)灵动课堂的基本特质

灵动课堂强调把教学注意力更多转移、聚焦、落实在促成学生学习及其心智发展的教学行为的变革上,具备以下四种特质。

1.灵动课堂是生本教育的课堂

根据郭思乐生本教育理念,课堂应该是以学生为中心而创设、呈现、生成的课堂,课堂的各个环节都应基于学生和为了学生,从学生的具体情况出发,是关注学生最近发展区的课堂,在教师眼中首先要有学生,其次才是文本,首先要有学情,其次才是教法。

2.灵动课堂是问题驱动的课堂

灵动课堂是以发现、提出、解决问题为主线,以培养学生思维为核心的课堂。具体来说就是依据教学内容和要求,由师生共同创设问题情境,以问题的发现、探究和解决来激发学生的求知欲、巩固已有知识、不断获取新知识,从而培养学生的实践和创新能力的过程。课堂的问题驱动还在于问题的动态生成,教师要有让"意外"成为课堂氛围及学生思维升华的助推剂的能力。

3.灵动课堂是有效教学的课堂

有效教学是教师通过教学过程的规律性,成功引起、维持和促进学生的学习,相对有效地达到了预期教学效果的教学。灵动课堂所具备的正确的目标、科学的组织、清晰的讲解、饱满的热情、融洽的师生关系、高效的时间利用是有效教学的基本特征。

4.灵动课堂是生命成长的课堂

著名教育家杜威说教育即生长,教育应使每个人的天性和与生俱来的能力得到健康成长,在成长之外别无目的。灵动课堂是师生生命成长的课堂,课堂上既要关注知识的传承,更要关注生命,要从关注当下转变为着眼学生的一生。灵动课堂是有力度的教学,是充满活力的教学,这个活力是由教师的感召力、学科的魅力、学生的潜力共同组成的。

(二)灵动课堂的具体指向(以英语课堂为例)

1.课堂导入的意趣与针对性

有效的导入设计应以学生为中心,帮助学生把原有的知识体系和新导入的信息结合起来,形成一个初步的知识框架,从而对课堂即将展开的内容进行合理想象。导入对学生学习情绪的调动及未知内容障碍的清除有着不可替代的作用,激发兴趣和紧扣话题是导入的共性。有针对性地导入能使课堂变得更加紧凑,有更强的整体感。

2.教学环节的简约与流畅性

灵动课堂应该是如行云流水般自然而和谐的课堂,课堂教学步骤的简约是一个重要的衡量标准。在实际教学中,有些课堂过于强调大容量快节奏,时长45分钟的一节课步骤多达8个以上,学生疲于应付,在上一个环节中刚刚有所思考却又被后一个环节打乱。环节与环节之间缺乏应有的过渡,显得生硬。"取舍彰显智慧",过于繁杂的环节不仅使得学生对很多知识浅尝辄止,也使得课堂上学生产生厌倦心理,从而极大地影响教学效果。

3.教学生态的真实与有效性

学生的参与度是对课堂教学评估的一个重要指标,但有时候参与度却很粗浅地与有多少学生回答了问题、讨论了多长时间画上了等号,很多时候看似热闹的课堂其实是伪灵动的。真正高效的课堂应该是动静结合,有更多留白的。回归教育的本真也就是要思考这个环节有没有必要让学生回答问题,有没有必要集体讨论,讨论的目的是什么,所期许的结果是什么。真正灵动的课堂应该是学生在知识层面有所收获的课堂,是教学任务有效达成的课堂,是因生制宜的课堂,是思维有效开发的课堂。

4.问题呈现的梯度与相关性

问题驱动是灵动课堂的最根本特征,有效的课堂提问是使学生认真思考、积极主动获取知识、发展智能的重要教学手段。一节好课首先要做到问题呈现的梯度,教师应该因材施教,面向全体,根据学情设计不同程度的问题,并做到由易而难、层层递进、步步深入。其次是问题的相关性,当前由于对问题的过度展开,使得问题与课堂教学原命题相距甚远的现象比比皆是,课堂上教师天马行空的现象普遍存在,因此问题设计的紧密相关是教师的教学基本要求。

5.师生成长的质地与长效性

灵动课堂不仅是学生可以有效习得新知识获取新能力的课堂,还应该是师生精神共享的课堂,是师生共同成长的园地。课堂上师生心态的开放程度、师生关系的融洽度、学生真实有效的参与度都在很大程度上决定了通过课堂教学师生成长能达到什么的高度或质地。语言的课堂如果没有心灵的震撼、生命的感悟、人生的体验就不是真正的课堂。爱因斯坦说过,"教育就是一个人把在学校所学全部忘光之后剩下的东西"。因此,作为灵动课堂,同样要追求一种教育"形"上的东西,要反思在很多年后学生还记得什么,它不是语法知识或者某个定理,而应该是关于人类精神世界所共有的一些东西,是一些永久存留在学生思想深处的东西。

三、灵动课堂模式的高效建构

教学从有效走向卓越是教育人应追求的一种境界。灵动课堂教学模式为教学的这种提升提供了可能。对课程目标的细化、学科目标与学科方法的整合、新课程三维目标的整合能提高教学的针对性。灵动课堂上教师的教、学生的学以及师生双边活动的灵动使得课堂教学变得有意义、有人性与精神。

（一）构成课堂教学各目标要素的有效整合

带着目标走进课堂，以导学案为抓手的教学模式强调目标引领作用。教师在备课与准备导学案的过程中，以集体的智慧与个体钻研相结合，对每节课、每个单元（教学单元）进行与课程目标、考试说明、学情分析、师资状况相关的校本化教学目标定位。

1. 对课程目标的细化整合

由课程到单元再到课时，让课程目标逐渐融入每个课时，从而形成外延缩小、内涵扩大，但内涵不会游离主目标，这样才能让每一课时都是有效的。其最根本的特征应该是由课程目标所决定的。如果教师在备课时只见树木不见森林，很可能陷入就课论课的境地。另外，课程目标的嵌入式，也使得课程目标有实地感，不虚空，从而让教师有可行的抓手，在实施过程中更容易在一个不长的周期内感受到教学的效益和成功感。

2. 学习方法与学科目标的整合

在灵动课堂教学模式中，以学生自主学习为主导是必须遵循的一个原则，离开学生主体的学科目标就沦为教师的满堂灌的教学模式。另外，学生主体的学习方法如果不基于学科目标就会形成课堂的看似闹腾其实毫无内涵，还有可能导致课堂上师生的信马由缰，使得课堂失去应有的学科目标支撑。因此，两者的有机结合是灵动课堂高远目标定位的要素之一。

3. 新课程三维目标的整合

三维目标是指知识与能力、过程与方法、情感态度与价值观。从每一个单个课时来说，每一个目标的体现乃至于初步实现是可能的。但如何有效整合三维目标则是一个重大的课题。在实践教学中，知识与能力是课堂教学中师生最关注的问题，也是最易达成的目标，因为学科本身就是知识的载体，能力依靠知识而获得并在此基础上有所拓展。一定意义上来讲，这些目标仍然是确定并具体的。新课程认为，过程与方法目标主要包括应答性的学习目标和交往、体验、基本的学习方式和具体的学习方式等。这些目标的实现必须是互动环境下产生的，因此，自主、合作、探究成为教学方式的一种常态。同样这些目标也可以理解为具体的。三维目标的最高层次为情感、态度与价值观,其主要内容包括学习兴趣、学习责任和生活态度、个人价值与社会价值的统一、科学价值与人文价值的统一。这些目标的实现是一个长期积淀的过程。它依附于知识与能力、过程与方法这两种目标之中,是一个潜移默化的过程。因此,灵动课堂在三维目标的实现过程中是三维目标整体螺旋式上升的,是一个相互作用、互为结果的过程。注重三维目标的实现是灵动课堂也是实现课程目标的最终指向。

4.课堂上预设目标与生成目标的有效整合

真正有效的课堂首先是基于学情分析、课标分析的有预设的课堂。灵动课堂模式中导学案的广泛使用让教师在走进课堂之前通过预学案的归档、整理、研究,有效地了解了学生当下的发展状况,同时根据学生的最近发展区,通过集体备课、个体班情研究,形成了有针对性的课堂预设目标,即上课要解决什么问题、让哪些学生参与展示、在什么环节进行合作学习等。这些预设目标对课堂有效、高效开展大有裨益。但客观存在的事实是,课堂是动态变化的,问题总是因时而发生的。真正生态的课堂是不断生成的课堂,学生思维的深入会产生新问题,课堂偶发事件会生成新教学情境,教师对所授知识的深层理解会产生新的教育智慧。所有这些生成都是灵动课堂的常态。因此,师生在课堂上对预设目标与生成目标的有效整合也是灵动课堂的要旨所在。

(二)构成课堂各行动环节的高效灵动

1.教的灵动

课堂上教师教的活动按照确定的原则、目标、形式和程序运作,使得教学活动有规律地、又基于现实地有效生成与展开。灵动的课堂是教师基于"以学定教"原则,根据课堂教学目标进行设计,组织教学,调控引导学生用自己的方式去学习。教师的灵动还在于教师以自己的人格魅力去影响学生的学习行为,这表现为教师的知识自信,行为儒雅,语音、语速适中优美,教学心态开放民主。教的灵动在于教师自身有较高的学科专业素养,能紧扣教学重难点,又能旁征博引,引导学生遨游于知识的海洋,激发学生学习兴趣和求知欲望。教的灵动更在于教师的教学艺术,它既表现在教师对现代化教育教学手段的娴熟运用上,又表现在隐性的诸多教学艺术的使用上,如对课堂偶发小事件的机智处理;课堂上适时的幽默感;有效教育契机的使用;不着痕迹的思想品德教育;对学生生成问题的科学逻辑解答;等等。

2.学的灵动

按自己的心情去学是学习的最高境界。这里的按照心情去学是指依据课堂教学目标、积极思维、自己建构基础上的有选择地按照自己喜欢的方式去完成课堂教学任务。学的灵动最核心的东西就是思维的灵动。它的特质表现在有一定的信息量,发散性好,有广度,包括学习方式的多样性、学习内容的可选择性、学习评价的多元。

3.双方活动的灵动

新型师生关系的建立是实施灵动课堂的要旨所在。灵动课堂上教师的教学心态是开放的,学生的学习心态是自由的,这些构成了灵动的前提。

第一,摆正师生关系,摒除师道尊严的观点。教学中师生关系应是"主体与主体"之间的关系,即师生之间要相互认可,相互欣赏,同时以平等的、朋友式的关系进行交往。课堂观察发现,教态亲和,师生课后交流次数多的教师课堂教学效果好。

第二,充分利用电教媒体,创设真实情感境界,有效做到师生间情感的互移,为课堂教学在基本教学目标基础上增添一份欢乐,为加强师生之间的情感互动打下坚实的基础。

第三,解除戒备心理。教师成为合作小组"成员"。灵动课堂小组合作学习方式中,教师作为"组员"不固定参与某个学习小组活动,这种参与增进了师生之间交往的频率以及相互之间进一步理解的可能。

第三节 灵动课堂教学模式的运行保障与系统推进

一、理念高度决定行动力度与深度

在所有确保模式高效运行的因素中,人的观念是最关键的因素,它包括顶层的设计思路、教师对模式的认同度、学生对课改的接受程度等。

第一,教育管理者要善于激活人际关系中的教育力量,人际关系在学校各项管理中同样具有强大的教育力量。如果在工作目的、工作期望以及教师评价方式等方面与教师进行清晰的沟通,就可以在一定程度上促进他们把目标调整到学校所期望的目标上来,良好的校园人际关系是推行灵动课堂教学模式的重要保障和助推剂。良好的同学关系可以给予学生心理上的安全感和情感上的归属感,营造多视角、多观点的合作氛围;良好的师生关系有助于教学效率的提升,所谓亲其师信其道;良好的师师关系有助于教育效率的激活。因此,课堂需要改变一个"太近"和一个"太远",那就是离课太近,离人太远。教育需要用良好的师生关系温暖课堂气息,让课堂从功利转向人文,让缺陷从不可容忍转为走向成功的阶梯,让课堂从师生的利益战场转向共同追求成功的家园。

第二,对于教师来说,教育是师生的相互成全,唯有如此,教师才会有职业幸福感。教师为谁而教的观点决定了教师教育的心态和生活质态。周彬[1]教授认为:教师教学如果为了学生,教师就会成为课堂教学的牺牲品,而如果为了自己,那么教师的教学水平就会越来越高,从而学生成为最终的受益者。当教师跳出为上好课而上课,更多关注自己生活品质的提高和教学素养的提高时,课堂就会在不自觉中变得精彩起来。教师的课堂不应该只是奉献自己或燃烧自己的课堂,而要在努力照亮别人的同时成就自己的辉煌。当教师努力把课堂变为展示自己的舞台时,他一定是用力且用心乃至于用情的,在这样的情形下,教师课堂教学的变革往往给学生以最深远的影响。因此,学校应该是一个师生共同学习的地方,这是教育变革的需要,是学校发展的诉求,是师生成长的期盼。

第三,以学生的名义解读"学生"才能真正懂得教育。站在学生立场的教师拥有一颗未泯的童心,深知学生的成长重于成绩,深知"真爱"的价值。现在许多学生给人的感觉就是不愿意读书,从教师角度来讲简直不可理喻,很多在成人看来的好处对于学生来说是难以接受的,让学生六点起床,每节课全神贯注,回家写作业到十点半,然后告诉他未来会因此而美好,可是学生并不这样认为,他们会觉得这是"赔本买卖"。评价一堂课最重要的标准是课堂是高效的,孩子们在课堂上是快乐的。课改的目的是让课堂有魅力、有活力。因此以学生的名义解读"学生"具有重要的现实意

---

[1]周彬.论回归立德树人的课堂教学建构[J].中国教育学刊,2020(04):48-53.

义,在学生眼中,自己是一个独立的个体,而不是未来生活的工具,生活的每一天都是平等的,没有必要为了哪一天而牺牲这一天,这在许多教育者看来消极的观点却是真实而常态的。学生是学习活动的主体,没有学生的学习,教学活动不可能达到其目的。教师没有理由将自己认为成熟的观念强加给学生。学优生与学困生只是教师的一个观念,在学生的世界里,每一朵花儿都在竞相绽放,娇艳无比。因此,教学中更应该从学生角度出发去思考问题,去寻找解决问题的路径,这样可能会有事半功倍的效果。

二、模式的系统推进

前文已经介绍了灵动课堂模式的核心内容、终极目标以及操作要领。实施模式最重要的是对核心内容的精准把握,操作要领的科学、有效与可操作性以及对课改终极目标的整体认同。因此模式的设计与推进是一个系统工程,是一个渐进与完善的过程,是由点及面、由上而下的理论普及,是典型引领、群体跟进的逐步推广,是实践论证、过程把控的科学促进,是与时俱进、内涵发展的有效提升,这样既防止了模式的固化也克服其局限性。模式的基本思路是以思学模、以思用模、以思扩模。问题导向与项目攻关使得模式的核心指向始终是提高课堂效率、提升学生素养、学校师生的相互成全,明确的核心指向让模式在师生间产生巨大的认同。任何一种模式都是循序渐进的发展过程,但为了有效推进,没有一定的规范可循,又会陷入杂乱无章以及天马行空的状态,因此,从模式管理角度来看,学校一开始虽摒弃模式化与标准化,但确立了初步建模的理念,课改初期的建模有利于观念落后的教师迅速跟上课改的节拍,以行政手段促平衡,在基本模式基础上允许因学科、学段、课型而异。

(一)强化舆论宣传,让课改深入人心

第一,营造浓郁的课改氛围,是学校推进课改的第一步,课改需要全员参与,让课改深入人心才能在行动上落地生根。学校可以利用墙面的教育功能,在主教学楼以及公共场所张贴各类与灵动课堂有关的宣传标语,发动学科组撰写课改宣言,在教室里张贴灵动课堂要素,明确合作学习和踊跃展示的要领。通过全方位、立体式宣传让师生了解学校顶层对课改的决心,同时通过不断的视觉冲击让师生了解灵动课堂主要内涵。

第二,会议宣讲,让教师深入了解灵动课堂。从模式实施以来,学校通

过各个层面的会议来宣讲教学模式。首先是行政管理者和备课组长队伍,主要从课改的重要性以及对课改的预期上让学校中层管理者对模式有高度的认同。在推进的5年里,学校每年召开两次模式推进与总结专题会议,以沙龙、讲座等形式对全校教师通报课改的得失、指出存在问题、提出整改要求。通过邀请市、县学科教研员来校讲座,让老师了解关于课改的前沿信息,明确学校灵动课堂模式推进的重要性。组织教师读书活动,让教师在自身的研究中提升课改意识和教学水平。以学科组和备课组为单位,组织教师对业务学习模式的建模、实践、完善等进行广泛讨论,让教师在参与中了解、熟悉和运用模式。

(二)注重队伍培训,强化典型引领

1.把备课组长作为课改的排头兵

在教学的总体要求下,学校可以依据灵动课堂教学模式制定备课"四步走"的规范要求,即个人钻研,形成初案。集体备课,突破重点。二次备课,形成个案。课堂灵动,课后反思。学校行政管理者可以分学科蹲点,检查督促备课组的落实情况,为了调动备课组长的积极性,在绩效考核、职称评定等方面可以对备课组长予以政策倾斜,这样就调动了备课组长的积极性,集体备课的质量就有了很大程度的保证。

2.让课改积极分子成为领头羊

人的认知水平和实践能力决定一个人所能达到的高度。在模式实施中,有一部分教师因为善于学习、乐于改变、勇于实践而成为最先尝到甜头的人。而这些人的经验是推进课改最大的财富。说教千遍,不如例子在前。在模式推进的过程中,学校就要开始抓典型,通过备课组赛课、学科组推荐,从师生评价、教学质量、课堂生态、课改意识等方面评选出各组课改积极分子,让这些老师在组内上公开示范课,其他老师观摩。然后通过执教者说课、同行点评、领导总结的过程对示范课进行普及与推广。[①]在学科组推荐的基础上,学校从文科、理科层面再选两位在模式使用上效果好的老师进行全校范围内示范课。通过层层磨课,教师的模式操作水平显著提高,课改决心也更加坚定。

3.以"课"突破课改

课改的最直观效果就是课上得如何,学校非常注重在"课"上狠下功

①方义江.让科学的课堂灵动起来[J].科学大众(科学教育),2017(08):41.

夫。具体来说就是备课、观课、磨课。

备课:强调备课组的多方位前端分析和对课堂的整体打造。规定了导学案的编制规范、课件使用的适度、合作学习的开展、自主学习的时间等灵动课堂要素在备课环节的体现,强调班本化和人本化的二次备课和核心组成员校长室备课。

观课:一是行政听课,平均每周每人听课3.5节。二是巡课,学校层面由行政导护人员每天填写巡课记录,由分管教学校长进行一周汇总。年级层面,由年级值班人员把导护情况传给年级主任,在年级备课组长会和班主任会上解决问题。三是诊课,实行行政评课制度,各教学行政人员对一周听课、巡课情况进行汇报分管教学校长做总结和提下阶段教学要求。校长在全体人员会上就闪光点和存在问题予以全校通报。

磨课:开展磨课系列活动,包括新教师见面课及评比,青年教师的优课评比,校内优课展示等。磨课做到"一课三磨",不仅仅着眼于课中,更着眼于课前和课后,着力于教学能力的磨炼。磨课是以"课"为核心的事例研究课题,包括课前的教材研读与活动设计、课中的教与学、课后的评价与重构。

第四节 灵动课堂教学模式效能评价

教学评价是根据一定教学目的和教学原理,运用切实可行的评价方法和手段,对整体或局部的教学系统进行全面考察和价值判断,模式评价是其中的一个组成部分。评价是模式有效推进、衡量模式效率的必然路径,学校灵动课堂教学评价表的分析、行政记录反馈以及学生灵动课堂问卷调查的多角度分析等为完善模式提供了实证性材料。

一、评价的理论依据、目的及方法

(一)评价的理论依据

第一,多元智能理论。多元智能理论认为,人的智能由七种紧密相连但又相互独立的智能组成,它给教育者提供了一种多维地看待人的智力的视野和方法。

第二,建构主义强调人的主体能动性,要求学习者积极主动地参与教学,在客观教学环境相互作用的过程中,学习者自己积极地建构自身的知识框架。灵动课堂的导学案使用环节就是自身知识前期建构的过程。

第三,后现代主义的主要观点是世界是开放、多元的,创新已成为社会、个人发展的动力之源,承认开放性,也就为人充分展示生命的本真提供了大舞台。

(二)评价的目的

第一,根据多元智能理论,评价的目的应该是为学生的发展提供契机。灵动课堂的评价目的则在于通过识别学生的优势智能领域,为学生提供发展自己优势智能领域的机会。如灵动课堂上学生交际能力的培养就是通过小组合作学习来实现的,是属于交流智能范畴,而灵动课堂所重视的踊跃展示则是培养学生语言智能的最佳路径。

第二,根据建构主义思想,评价的目的应该是引导学生积极、主动地参与学习,让学生在"做"中学,应该是使教师与学生、学生与学生之间保持有效的互动,使学习者形成对知识真正的理解。

第三,后现代主义认为,每个学习者都是独一无二的个体,课堂教学不仅要注重结果,更要注重过程。活动是教学发生的基础,基于师生共同活动之上的课堂教学评价,对于学习者来说不仅是对现实状况的价值判断,还在于在促进学生充分发挥主体能动性、积极地参与教学活动基础上,促进下一步教学活动的有效开展。

(三)评价的方法

第一,用发展的眼光来评价孩子。评价的核心是"全人观",相信每个孩子都能获得成功,因为评价的目的在于给学生找到并提供成功的支撑。

第二,评价的尺度应该是多元的。灵动课堂采用档案袋和活动法进行学生课堂表现评价,从时间、空间两个方面记录和观察学生的表现。

第三,建构主义要求评价在真实环境中展开,所以评价的前提是要让学习真正地发生。只有在实践中的总结、反思才是评价的源头活水,纯基于理论的评价没有现实意义的。

二、基于"灵动课堂教学评价表"数据下的模式评价

传统意义上的课堂评价更多关注学生成绩的好坏,对学生的可持续发

展,学生在情感态度价值观等方面的体验关注极少,片面的评价机制导致课堂教学的功利化现象严重。灵动课堂模式下的课堂质效观注重对教学各因素、环节的测量,它具有诊断、矫正与优化的功能。灵动课堂教学评价表有助于科学、客观了解教学各因素的效度,通过数据分析、汇总得出数据背后的普遍现象,进而更好地指导课堂教学。

行政听课是马塘中学实施课堂教学管理的主要举措。实践证明,这一举措加大了课堂的管理力度,提升了行政管理者对课堂教学的发言权和管理的针对性。课堂处于怎样的生态是教学管理者必须首先弄清楚的问题。灵动课堂教学模式与"一体化"模式以及真实课堂现状间存在怎样的关联、教师对课堂模式的执行达到怎样一种程度、先前发现的一些课堂教学方面的问题有没有得到有效解决、课堂教学中现代教育技术使用的熟练程度如何、学生课堂讨论的必要性有多少、导学案问题设置的相关性以及问题的层次性有没有体现等管理者关切的诸多问题,唯有通过调查、评估才能发现并最终被解决。行政听课是该校长期坚持并被证明行之有效的一种方法。行政听课记录的真实性、专业性以及全面性为灵动课堂模式评价提供了宝贵的一手实证研究材料。

灵动课堂教学评价表在实际教学管理中能让管理者有据可查,有话可说,在很大程度上掌握跨学科管理的话语权。较为固定的一级指标(学生表现和教师素质)以及总计13条的二级指标对灵动课堂相关重要元素进行了量化规定,这样可以让教师的教学行为在一定范围内得以规范,亦可在建模的基础上实现多重建构。此外,灵动课堂教学评价表的使用有助于促进教师的教学反思,让教师有一个反思的模板,进而促进教师专业成长。

(一)评价表统计数据报告及效能评估

根据教学评价表,课题组成员选取某校2015—2016年度第二学期学校行政人员听课记录中的5人总计100份(每人20份)量表进行统计,测量数据实录如下。100份量表涵盖各个学科。评价表中一级指标关于"学生表现"中"有效先学、适当合作、主动交流、认真倾听"等4个分级指标满分率为95%;在"学生表现"中,"独立思考、达成率高"等2个分级指标满分率为74%,而"大胆质疑"这一分级指标的满分率仅为40%。评价表中关于"教师素质"中"善于引导、媒体恰当"等2个分级指标满分率为95%;在"教师素质"中"充分激励、语言生动"等2个分级指标满分率为85%;在"教师素质"中"功底扎实、板书合理"等2个分级指标满分率为65%。

从效度来看,根据学校要求,所听课均为推门课,所测量的相关数据具有常态性,效度高。从测量项目的难度上来看,参与听课记载人员均至少有10年以上教学经验,有数年教学管理经验,对课堂教学的环节有自己较深的理解,对测试项目的把握比较精准。当然,在对某些二级分类指标的理解上,管理人员本身存在对分项说明理解的深浅以及对部分指标的不同认可度,理论上存在打分的人为差异以及评价的主观性。从区分度来看,在每10分总分中设置10,7,5,3四个等次,在每5分总分中设置5,3,1三个等次,做到有明显的区分度,便于统计结果的可参考性,但是中间两个等次的模糊性在实际操作中表现得仍比较明显。这是量表需要改进的地方。

(二)基于测量数据的分析及结论

第一,教师课堂教学中现代技术运用更加普遍,但个体间不平衡且有应付性倾向。调查显示,有些教师在媒体使用上存在不娴熟,为使用而使用,没有做到运用的无痕化等现象。从量表分析来看,现代教育技术对课堂效率提升的功效有顶层设计主观臆断的倾向,学校乃至教育主管部门对现代教育技术的作用过于强化,模式实施者有必要对当下很火的所谓"现代教育技术"课堂进行冷思考。

第二,部分教师的教学基本功存在较大的提升空间,教师培训应成为学校管理者的着力点。从体现教师素质的"功底扎实、语言生动、媒体合理"等占比来看,青年教师的专业素养普遍不高,教学艺术欠缺,实际教学观察中也表现为教师不愿读书,没有养成系统阅读的习惯。教师对自己的教学水平提升欲望不强,县级以上培训机会少,校级培训流于形式。

第三,课堂教学中作为灵动课堂重要衡量标准的"大胆质疑"在学生中还没有普遍形成。问题的解决前提是源于问题,课堂生态无法本质改变的原因在于学生缺乏质疑的动机与能力,让学生敢于、勤于、善于质疑是课堂效率提高的关键。

第四,学科的不同特点以及对学科质量考量标准的不同导致学科教学中对相关因素使用重点不同。量表统计分析发现,不同学科师生在课堂相关环节上表现出较大的不同,原因在于江苏高考学科计分方式的不同以及学科难度要求的不同。

三、基于"灵动课堂教学评价表"文字记录下的模式评价

上文针对100份课堂评价表中的数据进行了有效分析,课题组在数据分析的基础上,进一步对评价表中的"主要优点和问题建议"两个栏目中的教师记载进行了归类总结和统计分析,以便更直接地找到问题并力求通过教学研讨会、行政听课汇报会等途径解决模式运行中存在的一些问题。本书从主要优点、存在问题以及教学建议三个方面进行分析。

主要优点有以下几点。①教师教学常规执行到位,课前钻研、备课课件等准备充分;紧扣课标和大纲要求,以问题为主线,重难点突出,讲解分析细致到位。②关注学情、关注课堂生态,课堂三驾马车运用得当,课堂氛围好,学生参与率高。③熟练运用鼎易投影展示部分典型错误,教师的点评精当,学生能自主反思总结。④高一年级老师比较注意规范笔记,高二老师上课有激情,高三老师注重研究考纲。语文课堂体现出集体备课和个人钻研的很好结合,数学课堂能注重数学思想的归纳,在启发学生思维上下功夫。英语课堂能注意留白,必修课堂讲练到位。[①]

存在的问题有以下几点。①部分教师备课粗糙,只备知识或题目,不备学情、考情、学法。②上课一讲到底,学生独立思考时间不够,教师讲得多,牵着学生鼻子走,未能留一定量的时间让学生自主思考,课堂缺乏灵动。③缺导学案,无板书或板书只是形式或过于随意,小组合作未充分利用。④讲评形式较为单调,缺乏变化。学生展示较少,参与的积极性有待进一步提高。教师缺乏耐心,急于点评,缺乏学生互评,学生错误思维没有充分暴露,归纳总结教师包办,对学生激励也不够。个别老师不批阅就讲评,对学情不了解,失去讲评的针对性和有效性。⑤教师问题设计及解决流于形式,有部分数学课堂问题较为零碎,有干扰学生整体思路的现象。教师解决问题的功力需要进一步提升,关键处不简练,疑难处模糊,讲不到位。

教学建议如下。①教师在备课时要重在备学情,讲在关键处,评在易错处。问题的设置要精心准备,设置的问题要精当接地气。课堂要有发力点,着眼于课堂问题的解决与生成,激发学生参与热情,让学生的思维呈

[①] 周聪聪. 高校翻转课堂教学模式评价体系研究[D]. 新乡:河南师范大学,2016:22-23.

现出应有的张力。②积极课改,彻底改变课堂模式和教学风格,提高效率,教师的板演与板书要规范,对学生的规范要求要严格。③要重视集体备课和二次钻研,组内相互听课、研讨要加强,相互间要取长补短。要重视学生的自主学习和自主消化。

第五节 课改深度推进的瓶颈与项目突破

一、当前深度推进课改的困惑

（一）课改的普惠性与个体的期许有差距

教育是精神成才,是"慢活儿",如果教育过度奉行功利主义、效率至上,就会出现"灵魂危机"。课改也是一个渐进性的过程,但目前课改所能带来的红利没有被大家广泛认可,对于一些教师来说,课改似乎与己无关,对学校的整体课改氛围融入不够。随着布局调整,课改所带来的效益被生源变化所产生的影响抵消,使得课改的好处未能有效放大,课改因此被怀疑。小升初作为当前衡量普通小学教学业绩的至高标准的评价单一性使得课改对学生综合素质的养成功效被弱化。

（二）顶层设计的理想架构与大众的有限接纳

从课改推行进程来看,校长室层面依据县局教学要求,课改的阶段性措施是实事求是、稳步推进、有的放矢的,顶层推进的决心不可谓不大。但教师层面的接纳存在很大的差距,一部分人积极参与课改,在实践中总结经验教训,收获良多。有些人惯性前行,亦步亦趋,对课改缺乏自己的思考,随大流。更有一部分人,拒绝课改,在自己已有的所谓教学"风格"上惯性向前,思想观念陈旧,课堂效率低下。还有部分教师,因为近两年调入,对课改模式不熟悉又没有积极的科研态度,对课改的兴趣不高。

（三）课改的深度推进与认识局限

在课改处于深度推进阶段时,马塘中学提出了灵动课堂模式下的学生核心素养培育理念,启动了以"倾听、理解、展示"为关键词的项目攻关工程,这是高效课堂项目攻关的需要,更是深度推进课改的举措。项目布置以来,校长室、行政层面开展了立项、研讨、内化过程,但在认识上还存在很大的局限性。具体表现在原有项目基础上的传承有余,创新不够,在理念上应付得多,支持得少,在执行力度上是说得多,实践得少。

(四)导学案出现"重学"和"轻导"现象

导学案问题设计碎片化,缺乏启发性的"导"。具体表现为:问题设置比较浅显,文科表现为知识点的罗列或者缺少思维度的简单问题呈现,理科表现为问题缺少必要的问题链,不是过于简单就是过于深奥,让学生无从下手,失去导学案的功能。导学案替代听课笔记的现象比较严重,没有能够从启迪学生思维的角度去设计问题。教师对导学案的功能还不能全面认同,备课组尤其是核心备课组在导学案的要求上不到位,教师的学科素养存在很大差距,导学案的整体质量不高。教师对课标、考试说明、教学大纲的理解比较肤浅,导学案"导"的功能没有很好体现。

(五)现代教育技术的传统与现代未能和谐共生

SMART技术和鼎易平台的交互性不仅是手段也是课改的推力。但在实施过程中出现了从排斥到过分依赖的情况,出现了"五个脱节"的技术依赖综合征,即新技术与导学案脱节、与文本钻研脱节、与教师板书脱节、与学生思维脱节、与学生笔记脱节的现象。

(六)合作讨论热闹非凡,独立思考到不了位

合作成为教师要求学生的一种学习形式而不是学生自身的需求,合作中优等生"垄断"着合作的进程,后进生扮演着陪客的角色。

二、基于灵动课堂的"项目"突破

对于模式施行中的瓶颈问题,学校课改领导小组认真研判形势,开展实证调研,在此基础上,以如东高效课堂项目攻关要求为契机,对灵动课堂模式中存在的问题以及进一步提升课堂教学质量的重点所在进行了梳理,提出以项目突破为抓手,着力解决模式实施过程中遇到的新问题,并重点就以下五个项目进行有效突破。

(一)导学案的规范

对导学案做出课型化的具体要求。规定新授课包括课标导读、问题导思、例题导练三个部分;复习课包括考纲导读、问题导思、例题导练三个部分;讲评课包括错题导读、错因导思、变式导练三个部分。对课型的界定,有助于导学案的规范。对导学案的问题设计与运用提出明确要求,问题是学生思维的引发器,是学生课堂灵动的助推,是学生能力提升的有效培育手段,问题还是学生课堂生命力的体现以及高效课堂的最本质特征。强调预设问题是教师备课、讲课的主线,要求教师在备课环节可以编写简案。可以不呈现知识点,但必须体现对知识逻辑的思考过程,而这个思考过程就是问题以及问题链的形成。不仅是备课,在讲课过程中也要以问题为主线,让问题成为问题链,也就是问题群导学,它不是一般意义上的回答式教学,而是基于学情、基于教学目的,根据学生的已有知识,针对学生学习过程中产生的困惑,重新设计若干个未知的问题,形成解决问题的逻辑链条而构成问题集合。要求注重课堂提问,同时又不是天马行空。课堂问题提问应该是对预设问题的具体化和有序解决,也是新的问题产生的过程,所谓以问题解决问题,以问题促进问题的深入,以问题产生问题,并最终达到学生思维深入与敏锐的目的。

(二)运用现代教育技术组织教学"三部曲"

第一步:思想就是做到"4个务必抛弃",即务必抛弃新技术是抛弃传统,新技术是青年人的专利,新技术是权宜之计,新技术是图省事的思想。所谓实事求是就是要做到"4个不能忘本",即不能忘校本、不能忘生本、不能忘文本、不能忘根本。

第二步:有序推进,形成合力。专题培训推动,既有操作技巧的全员培训,也有快速成长的专家引路;既有增加感性认识的骨干引领,也有提升理性思考的经验交流。教学资源优化,通过收集集体备课电子材料、结合校情二次备课,分享在"SMART课件"制作方面的体会等进一步整合了全校资源。学校充分利用学校信息组的软件开发、硬件维护、专业培训等平台为教师制作"SMART课件"提供专业的技术支撑。

第三步:全面落实,凸显质量。"SMART课件"不仅作为听课评课的硬性指标,学情调研的必要条件,而且作为评优评先的资格要求、微型课题的研究方向。以教学常规检查为抓手,以"SMART课件"制作大赛为载体,以教学基本功比赛为导向,以学科教研课研讨为平台,全面推进"SMART课件"走进课堂。

(三)"五真"引领合作学习

合作学习是灵动课堂的核心体现,合作学习是发现知识的来龙去脉,调取知识和经验去推知和解决陌生知识,深刻、透彻、全面地掌握知识的本质,感受并体验知识的生成过程,自然而然发展自身的学习力,分享学习知识的快乐过程。

1. 真组合

小组有固态小组和动态小组,固态小组是固定位置小组,组员异质,取长补短。动态小组是课堂上临时自发建组的,组员往往想法一致。不管哪一类小组,他们都要有友爱团结、共同发展的团队精神,要养成资源共享、高效合作的习惯。

2. 真问题

问题设置一方面要少而精,有针对性,即体现教学的重难点、疑点、思维盲点,有共同困惑;另一方面问题设计应梯度明显、思维适度、由易到难、由繁到简、层层深入,讨论的时机是学生思维纠结时、困惑处,时长要恰到好处。

3. 真讨论

学生间差异就是很大的课程资源,组员要善于倾听、充分尊重这一差异性,形成最大化的学习共同体。探究问题时,要力争全员参与、独立思考、完整表达、有效碰撞、和谐争辩,构建多元化的小组评价体系和文化建设。

4. 真展示

课堂是学生展示自己学习成果和学习方法的平台,每位学生都应有机会在课堂上证明自己学到了什么,都有机会向别人展示自己是怎么学得知识的。展示的内容是自主学习的拓展、延伸、提升,展示的形式要多样化,比如表述、板演、投影、模拟讲授;展示的机会要均等,做到组员平等、组间平衡;展示的思维过程要彻底全面,有时展示错误答案比展示正确答案更为可贵;课堂或小组展示中要引导学生提出更好的、更有创造性的问题,学会阐明自己的想法并清晰表达。

5. 真评价

展示结果的反馈要及时评点,可以先评后点,评中有点,也可以点中有评;展示的结果可以组内互评、自评,也可以组间互评、参评、师评;教师点评讲解,一方面要甄别对错,及时纠偏,同时要及时对生成问题进行点评、点拨,教师点拨应有醍醐灌顶、豁然开朗之妙,对于思维活跃,多元解读的问题应给予适切的激励、引导;要教育学生正确与他人进行比较,让学生学会欣赏别人,在寻找对方身上的长处中发现自己的不足。

值得注意的是,合作学习过程不排斥独立自主,从某种程度上,独立自主应贯穿合作学习的全过程,小组合作前应独立思考,合作学习的过程中更要用批评的眼光,扬弃的思维参考、学习、吸收他人的学习体会、经验、方法、成果,切不可生搬硬套,亦步亦趋。小组合作学习之后还需结合自我学习体验,对他人的学习方法、经验、成果进行梳理、甄别、验证,最终内化成自身的能力。

合作学习让学生的价值和潜能得到最大化的挖掘,这样的合作不能止于课堂,还应延伸到宿舍、食堂、课外活动中,真正实现从学习型组织向成长型组织转变。

(四)让课堂"慢"下来

教学中的慢应该理解为艺术的慢。是相对于急功近利的直奔主题的教学而提出来的。在灵动课堂模式下,只有慢下来,学生才有机会去思考问题,师生才有时间去进行思维的碰撞。

1.慢是一种姿态

慢是教师在自信与等待中去倾听学生。在英语核心备课组会议上,有老师反映学生笔记记得很好,速度也快,就是能力不强,不会思考。其实问题出在教师平时的一种教学姿态上,老师热衷于课堂的行云流水,喜欢课堂上所谓的一气呵成,喜欢掌控节奏,一旦学生问题不会,或者还没有进入有效思考,教师就开始用自己的理解、思路来帮学生解决问题,久而久之,学生就养成只会记笔记和记忆的习惯,而不再思考,对待学困生尤其要做到"慢",要相信他们同样也会绽放美丽的花朵,只是可能稍稍迟一些,教师要调整自己的心境,积极地等待花开。

2.慢是一种智慧

当下教育无论是教学内容还是教学手段都显得繁杂,只有懂得取舍,明了舍去有时是为了更好地得到,在教学中要善于舍末求本,善于抓住重点,在该慢的地方真正慢下来。例如,观察发现高三一轮复习的许多内容都是高一、高二的基础,而这些恰恰是学生的薄弱部分,反思高一、高二的教学,的确存在求多、求全的现象,而这些正是教学无法慢下来的原因所在,教师担心有些题目没讲到,有些练习没做完,就开快车似的往前赶,结果是学生什么都没有留下。所以有所取舍也是一种慢。

3.慢是一种自信

很多时候教师只关注教学的节奏与内容,其实真的能够慢下来、敢于慢下来的教师一定是很自信的,也一定是具有深厚教学基本功和涵养的。所以慢的教学在于切实打造一支高素质的教师队伍,不然所谓的慢就有可能变成教师的心慌意乱。慢还是课堂上教师的聆听,聆听取决于教师的平等意识、公正意识和和谐意识。唯有如此,教师才能有一种自信与从容。

(五)让"问题"成为课堂主旋律

第一,基于问题的重要性,学校要求教师确保问题设置的质量。问题要紧扣课标、考纲和重难点,不游离。问题要有梯度、有关联、有启发性,不得太笼统、太具体。导学案上的问题不琐碎与繁杂,以3~4个为宜,尤其是理科不得完全用习题代替问题。[1]

第二,要保护学生主动提出问题的热情以及指导学生自主解决问题;要在课堂上明确提出灵动课堂的几个规范要求,留出较为充分的时间让学生去思考;要有一定的容错意识,允许学生犯一些无伤大雅、不具有科学性的错误,不能总是打断孩子的思维,对一些比较细节性的错误可以不去理会,这样才能最大限度地维护学生踊跃发言的积极性,才能让学生主动提出问题、思考问题、解决问题并提升思维。

第三,教师要科学处理学生的生成问题。对于课前生成的问题要归类融入备课,在备课环节以无痕的方式和恰当的时机加以解决。对于课中生成的问题教师要运用教学机制去合理处理,有些问题也许不着边际,与课堂主体不相关,但从保护学生出发要适度解释,对于一些关键性的、好的生成性问题要加以利用,让师生的思维火花得到进一步的迸发。课后生成的问题要区别对待,有些可以在个别辅导时单独解决,有些共性的生成问题可以在练习、二次过关等环节中解决。

---

[1]李贺.于漪教文育人教学理念及其对当下高中语文教学的启示[D].延边:延边大学,2020:22-23.

第七章 基于整体育人理念的
灵动课堂的整体构建

灵动课堂是一种课堂教学样态,不是可以简单复制的教学模式,更没有固定的教学套路,而是旨在挖掘教学的深层意义,充分发挥各学科的育人价值。虽然没有固定的套路,灵动课堂却并不单纯是理念层面的思考,而是基于实践的,是有迹可循的。灵动课堂是"形"与"意"的结合,具体说来,灵动课堂的"形"表现为四个基本要素;"意"则是指灵动课堂内蕴含着三个基本诉求,操作中,笔者将灵动课堂的整体教学设计划分为五个步骤。

第一节 灵动课堂的三个诉求

一、探寻学科核心素养的落地路径

灵动课堂从教学设计开始,就把学科核心素养作为教学的基本导向。在深入研究课标和核心素养的基础上,力求搭建课标理念到课堂实践的桥梁,在探索和改革的道路上更充分地挖掘各学科的教学价值。

灵动课堂的实践中,笔者既注重五大核心素养的综合性和关联性,也致力于将核心素养落细、落小、落实,细化分解为教学的具体指向和要求。

二、教材的教学要求

教材的面广量大,将给教师带来新的挑战,也必将成为近几年教学研究的重点。灵动课堂注重整体建构,问题解决,深度学习,对于应对并胜任这类教材的教学有一定的优势。[1]

针对大家反映较多的教材"内容很'丰满',表述很'骨感'"的现状,灵

---

[1]喻照安.对话教学,灵动课堂——推动历史课堂变革的新思路[J].基础教育课程,2016(18):73-76.

动课堂积极探索在"骨感"的基础上注入灵魂(立意)和血肉(细节),在"丰满"的内容下勾勒线条(拉线索,重结构),并通过立意统领,板块呈现,抓大带小,重点突破的系统化教与学活动设计落实新课标、新教材的理念,以课堂对话为主要手段用好教材的各栏目,力争探索出一条当前教材教学的普适性路径。

三、促进学科教师的专业发展

课堂是教师安身立命的根本,教师的专业发展总是从课堂起步,在课堂收获。对灵动课堂的实践探索是教师更新课程教学理念,提升自身专业素养的重要抓手。

在灵动课堂的实践中,笔者阅读了大量教育学的经典著作,几乎翻"烂"了课程标准,不断地尝试教学的新思路、新方式、新资源。这不仅是对自己思想的梳理,更是一次系统性的深度学习。

第二节 灵动课堂的四个要素

灵动课堂包含四个基本要素:高远的教学立意是灵动课堂的灵魂,顺畅的教学逻辑让灵动课堂充满灵气,多彩的教学细节使灵动课堂生动鲜活,多维的课堂对话增强灵动课堂的互动色彩。

一、高远的立意——灵魂

教学立意是教师基于一课时的教与学而形成的、蕴含思想性和价值判断并统领全课的见解。如果把课堂教学过程看作一支箭的话,那么这支箭的箭镞就是具有内在张力和通透质感的教学立意,它既引领着课堂教学的方向,也是表达教学价值诉求最主要的着力点。

教学立意来自教师对教学内容的深度解读,更来自教师对学科本身的深邃领悟。它以课本的统整、知识的联系、教学的组织为基础,并作为一堂课的基调弥漫在教学过程中,能够充分展示学科的特质。

二、顺畅的逻辑——灵动

教学和行文一样,既有内在脉络,又有起承转合。灵动课堂理念下的教学模式改变了传统课堂下师生低质量的生存状态,点燃了生命的激情,人人享受成长的快乐,人人体验、践行、参与其中,这是本真教育的一种回归。实现了"四个转变",即变教会为学会,变学会为会学,变要我学为我要学,变为学而学为为教(用)而学。

教学逻辑是教学的基本学理,是实现教学结构化的重要抓手。教师要形成一节课的教学逻辑,并借助教学逻辑让教学的板块设计合理,活动过程顺畅而无阻滞。一堂好课有五个标准:知识信息的丰富性、核心概念的聚焦性、教学结构的逻辑性、诠释论证的思辨性、过程方法的迁移性。而后三个标准都和教学逻辑直接相关。

三、多彩的细节——生动

灵动课堂理念下的多元教学模式需要学生课前充分预习,课中积极参与,而学习结束后,学生掌握的知识要能运用于实际,解决问题,拉长了传统教学局限于课堂的时空链条。而学校校园文化建设本身就考虑了课程化,让学生在校园活动中就能运用所学的知识解决问题,再加上家庭课程和社会实践课程,为学生运用知识提供丰富的机会,让学生真正从"三味书屋"走向"百草园"。

四、多维的对话——互动

雅斯贝尔斯说:"对话便是真理的想象和思想本身的实现。对话以人及环境为内容。在对话中,可以发现所思之物的逻辑及存在的意义[1]。"课堂是师生共同建构学习意义的场所,师生之间、生生之间蕴含教育性的相互倾听与言说、碰撞与探讨、欣赏与评价,是学习目标达成的主要路径,说得绝对一点,教师的所有教学意图都需要通过课堂上的师生对话来实现。[2]

构建灵动课堂理念下的教学模式的顺利实施,必须以建立和谐、民主的对话环境为前提,必须是"用智慧引领教育,让教育生成智慧"的过程,必须是富有生命的、充溢着对生命的理解、关怀与尊重的;必须是开放、自由、充满智慧的;必须是提升教师和学生生命质量的课堂文化。在课堂

---

[1]杨玲梅. 人本价值视角下师生精神相遇对话的建构[J]. 盐城师范学院学报(人文社会科学版),2018,38(05):121-124.
[2]沈群英. "四感"营造沉稳与灵动课堂[J]. 中学政治教学参考,2016(05):48.

上,学生是受教育者,同时也是教育者。教师应紧紧依靠学生的内驱力,发展学生的学习天性,释放学生的个体潜能,使学生达成自主学习的目标,实现自我发展。构建灵动课堂理念下的多元教学模式将成为一种新的校园文化,使学校的文化品位再上新台阶。

第三节 构建灵动课堂的五个步骤

灵动课堂有四个基本的要素,教学指向的是各学科五大核心素养,但从实际操作来说,四个要素、五个素养并不是割裂的,它们有着一定的相对独立性,但却更有着交错融合的整体性。因此,在教学实践中,灵动课堂倡导以素养为导向的整体建构。笔者从以下五个步骤进行论述。

一、在深度解读教材和借鉴史学研究成果基础上,凝练教学立意

灵动课堂倡导立意先行。教学立意并不是放之四海而皆准的,它会根据教师的教学风格、学生的学习基础而做出相应变化,但无论哪一种教学立意,都要以深度解读教材,广泛研究教学成果为基础。

教师对教材的深度解读是一个"先入后出""入而能出"的过程。"入"是指深入探析教材的内容结构、编写逻辑、核心诉求、单元主旨、前后关联;"出"是指跳出教材,从课程标准、学术研究等维度反观教材,从多维视角的交融中凝练教学立意。

二、在教学立意的统领下,设计指向学科核心素养的教学目标

教学目标是一节课完成后要达成的结果。有学者提出要将其表述为学习目标。其实,貌似视角有了变化,但究其实质,二者是一致的,因为表述成学习目标也并不是学生自己设定的,依然是教师针对学生实际,从学业质量水平达成的维度预设的。更换表述只是要强调教师的教学目标要更加侧重学生层面的达成度。[1]

灵动课堂的教学目标拟定以教学立意为统领,以学业质量标准为依托,以各大学科核心素养的落实为宗旨。不仅要从整体上设计模块的教学

---

[1] 张乃娟. 营造灵动课堂培养灵气学生[J]. 语文教学通讯•D刊(学术刊),2016(02):26-27.

目标，而且要依据课程标准具体设计学习主题的教学目标和课时的教学目标，以使教学全过程能够紧密围绕学科素养的培养，达到学业质量的要求。灵动课堂的教学目标书写以课时的具体教学内容为载体，以学科素养的具体化、层级化为基本形式。

三、根据教学立意和教学目标，规划教学板块，形成教学逻辑

当下的教材，在每一节课文内基本都是分成几个子目，介绍几个相关联又相对独立的知识点，灵动课堂的教学主张以此为样式，采用板块式的课堂教学结构。每一课时安排若干个学习板块，每一个板块围绕一个中心问题，侧重某一两个教学目标，内部逻辑清晰，史论结合，形成一个相对独立的系统。

一节课的各板块之间并非完全独立，更不是"各自为政"的，板块之间可以是并列关系、递进关系、点线关系、因果关系、表里关系等。不管怎样，其背后都要有清晰的逻辑关系，起承转合自然、流畅。这种内部的教学逻辑是埋在教学设计之下的"暗线"，宛如人体的"血脉"，让教学的各环节之间的沟通内隐却不可或缺。

四、运用多种细节史料创设教学情境，完善教学设计

在新课程理念的指导下，为了促进学生的进步与发展，提高教师的工作效率，教师应对创设教学情境方面的相关问题进行客观、系统梳理，探讨有效教学理念在教学情境中的落实，从而改善目前课堂中教学情境设置低效或无效的现状。其核心就是教师创设教学情境的效率，即创设什么样的教学情境是有效的。通过对情境创设的研究转变教师的教学观念和角色行为，教师通过科学的教学方法引导学生积极思维，优化课堂教学、激发学生的学习兴趣，把学生引入情境，在探究的乐趣中诱发学习动机，培养学生的创造性思维，增强学生的主动性和创造性，真正达到智能统一，和谐发展，大幅度提高教学质量，全面推进素质教育。

五、以多维对话为手段，实施课堂教学

和教学设计相配套，教师还可以开发相应的辅助学习工具，比如预习单、导学单、课件、结构化板书、课后作业等。教学实施中，灵动课堂倡导以真实问题情境下的问题解决为教学基本途径，以多维度的对话落实各项教学意图，实现学生的学科关键能力和必备品格的提升，并引领其形成积极正确的价值观念。

第八章 基于整体育人理念的灵动课堂的操作实践及评价标准

《现代汉语词典》对"灵动"一词的解释是活泼、不呆板,富于变化。这是"灵动"课堂的外显特征。然而,"灵动"并不是简单地追求课堂的热闹,而是一种动态生成、师生共同"生长"的过程,这个过程充满激情和智慧。学生思维的迸发是"灵动"课堂的核心内容。

第一节 灵动课堂的操作实践

一、灵动课堂内涵与特征

当前教学标准强调以学生为学习主体,以课堂教学为载体,培养学生良好的学科素养,为学生的终身学习打下坚实的基础。于是以学生发展为主的三维目标出现在老师们的眼前,教学不仅要满足知识与技能、过程与方法、情感态度与价值观的需求,还要能够应付小升初选拔人才的需求。然而,在课堂教学中,我们仍然看到许多老师用传统的单向出入模式或者题海战术的方式培养学生的应试能力,这对于培养学生的学科知识素养来说形成了机械性的记忆,不利于学生能力的提高。为了适应新课程改革的需求,各种教学模式应运而生,情景教学、智慧教学、情智教学等教学尝试逐渐兴旺发达,出现了一片欣欣向荣的教育改革局面。灵动课堂就是在新课程改革的背景下,通过现代化的手段和教学模式,让课堂教学更具有现代化和趣味化,提高学生课堂参与能力,从而提高课堂效率的教学模式。

(一)内涵

新课程改革的提出,在很大程度上推动着我国教育事业的发展,而教育的主阵地是课堂,灵动性的课堂更有利于学生的成长成才,其特点是鲜活、生动、高效,是一种蕴藏着丰富的激情和创造性的教学方法。教师根据教学内容、学习情况、学生能力水平等使用灵动课堂,是为了充分发掘学生的自主性,让学生自主地学习,自主地探究问题,注重发展个人的能力,让课堂充满和谐、活力和激情,是师生智慧光芒的闪现。灵动性课堂就是关注学生的成长,把学生当作学习的主体,构建开放的、灵活多变的教学模式,让学生在充满激情和创造性的课堂氛围中成为学习的主人公。灵动课堂的特征如下。

1. 灵动性

灵动性是灵动课堂的灵魂,是课堂教学中最能够激发学生潜能和创造力的方法。师生之间平等互助的关系让课堂充满灵性,有思想的碰撞和灵魂的沟通融合。灵动的课堂师生关系是和谐的、开放的、充满激情的。教师在教学设计中关注学生的成长需求,让学生把课堂当成是实现自我超越的阵地,让课堂充满生机活力,师生之间共同达到一种充满灵性的境界。灵动也就是说,师生都充满精神追求,当然教师首先是精神家园的建设者,只有这样才能引领学生成为一个追求精神的人,才能培养出精神丰满的学生。

2. 动态性

传统的教学模式,是教师以知识的传输,学生以知识的接受为主的课堂教学模式。教学中,由于要实现学生在小升初中获得高分数的目标,教师就不遗余力地"满堂灌"和采用题海战术,可见这样的教育是老师辛辛苦苦、满头大汗"替学生学习"的教育。学生在学习中形成一种被动的、机械的条件反射,让原本应该是充满活力的学生变得死气沉沉,让原本具有灵动性的课堂变得僵化。新课程改革让课堂的状态发生了根本变化,课堂教学以学生为主体的教学模式逐渐颠覆着传统的师生关系。传统的学习方式强调对知识的被动接受和强行记忆,学生感受到的学习味同嚼蜡,突破这些可以借助于建构主义和情景教学等理论的指导,让学生在教学过程中可以充分发挥自己的学习主动性和积极性,从而培养学生的创新思维。

3. 生成性

课堂的生成性教学环节让课堂变得更加丰富,充满活力,对于课堂生成性的资源,教师要用心筛选。生成性的教学活动是在课堂设计之外的,也可以叫作课堂的应激反应。教师要根据学生在课堂教学中的表现,根据教学情况为学生创造丰富性、灵活性的场景,对学生及时创新的思维给予深入的点拨。一个充满生命力的课堂应该是有活力的,洋溢着生命动感的课堂。教师和学生站在同一个起跑线上,只不过教师是这个队伍中的领头羊,为学生的成长成才服务,同时,智慧地选择并理性地把握课堂教学的动态生成过程,始终居于高屋建瓴的高度。课堂是一个动态的过程,教师具备灵动的教学能力,创造性地开展教学,培养学生的创新思维,这不仅有利于培养学生的思维,实现情感共鸣,还能够充分发挥学生的学习主动性,展现课堂教学的无限魅力。

4.高效性

明确学习的主体是学生,学生在学习知识的时候教师要提供必要的帮助,来培养学生的学习能力,为学生践行终身学习打造坚实的基础,这是新课改对教学的基本要求,也是灵动性课堂所追求的最高目标。学生始终在学习的主体地位上,老师成为他们行动的指南和风向标,学生在教师的带动下实现学习目标,这不仅可以让课堂变得富有激情和创造性,还能够让学生对课堂充满期待,从而提高课堂效率。在追求课堂高效的过程中,教师的价值体现在能否激发学生用探究、主动、合作的方式进行学习,在于能否刺激他们思考、探究。在教学任务中,除了培养学生的学习兴趣,提高学生的学科素养之外,还要考虑学生自己实现梦想的目标。采用灵动性课堂教学,就能够让课堂容量变得丰富,实现高效课堂的目标。

(二)高效灵动课堂的特征

1.整体相关与动态平衡的统一

灵动高效课堂并不是教师放任学生的思维,让学生天马行空的创造性思想得以实现,而是在教师的引领下,实现动态平衡的过程。教师在课堂教学中,引领学生按照教学内容和目标进行教学,实现整体相关和动态平衡的统一。学生不管在什么样的教学环节中,都应该是在教师的牢牢掌握之下的。

2.多元共存与和谐共生的统一

与我国的文化传统一脉相承,传统的师生关系是"操纵—依附"式的特点,教师站在真理的制高点,是知识的权威者,在师生关系交往中是主导和主宰者,学生只是默默顺应,更多的学生没有自己的观点。在灵动的课堂教学中,完全打破了那种被动的师生关系,新颖的师生关系中让学生充满无畏而又不失尊重,教师也乐于承认学生的千差万别,也乐于接受学生的个性差异,用心关注他们,透露着公平,一视同仁地面对所有鲜活的个体,与学生和谐相处和友善交流,平等对话,欣赏学生的优点,勇于面对自身其他方面存在的缺陷,师生共享彼此的情感和思想,师生间有安全的心理状态。这不仅对于发挥学生的学习主动性具有重要意义,对于教学任务的完成也提供了便利。[①]在课堂学习中学生自始至终能够保持饱满的激情和灵动的学习情绪,学生个性特点的多样性让课堂具有更加活跃的条件。但是从课堂教学的结构和目标任务来看,教师要合理处理好多元共存和和谐共生的统一,才能够让教学出现灵动性的状态,从而提高教学效率。

3.开放性与交互性的统一

在课堂教学中,灵性的课堂让学生的思维开阔,能充分发挥学生的主观能动性。学生在教学活动中处于精神高度集中的激情状态,思维活跃,交互性很强。尤其是在小组活动过程中,学生的思维进行碰撞后会迸发出不同的火花。教师要高度掌握好课堂的氛围,发挥教者主导的作用,从而实现开放性与交互性的高度统一。

4.有限性与无限性的统一

教学过程是有限的,教学时间是有限的,然而学生的学习是无限的。在灵动性课堂教学中,学生通过教师对教学目标的展示,明白教学任务。在完成教学任务的过程中,由于每个学生的学习状态不同,因此,学生达到学习目标的途径不同。教师从课堂结构的安排和激情的引导下,实现教学有限性和无限性的高度融合。教师要根据学生的实际情况,调整教学大纲和教科书的内容,使其符合学生的"最近发展区",不要让教科书成为单向传输信息的工具,应该成为师生交流的纽带,用好用活教材,注重知识的有效性和前瞻性,大胆取舍,兼顾学生的感受能力,真正做到各种教学辅助材料、各类活动的有限性和学生学习互动无限性的统一,因为整个社会文化环境以及学生在生活中遇到所有的问题都有助于学生知识的建构。

5.差异性与标准性的统一

对于学生来说,每一个学生都是一个鲜活的个体,所有个体都充满着灵性。在课堂教学中,每个学生的学习差异性促使他们在教学活动中具有不同表现。有的学生性格活泼阳光,课堂学习主动性就高,学习活动显得

---

① 朱志晴.深度学习理论在小学数学课堂教学中的应用研究[D].重庆:西南大学,2021:22-23.

就积极活跃；有的学生性格内向，学习参与性就差；有的学生豪迈一些、有的学生细致一些……总之，在教学活动中，每个学生的状态千差万别，但他们都是在学习的统一目标要求下去达成自己的学习需要，这就是灵动课堂的差异性与标准性的统一。教与学就是大脑之间的碰撞，人的各种情绪和情感最终都会集聚到大脑中来，每个人的大脑是唯一的，又都会以自己的速度发展，这种大脑认知的差异性，就要求教师提供差异性和层次性的知识，提供复杂的、多感觉的情景，满足每个学生社会发展的需要，增强学生的自尊心、成就感，使每个学生在学习中都有收获，获得小小的、成功的喜悦。

6. 充满思想的融合

在课堂教学中，教师要和学生处理好关系，把学生放在平等的地位上，让学生充满激情的火花与教师的教学思想进行碰撞，从而更好地实现教学目标。一个充满思想的课堂，会让师生变得更加丰富，因为只有思想丰富的人才能看到思想贫乏的人"看"不到的东西，才能够锻炼出较强的信息加工能力，才会锻炼出从已有信息探究出新的信息的能力，才能够锻炼出从多元角度和细微的视角思考问题，以适应复杂多变的社会。

7. 充满睿智与风趣

在课堂教学中，最受学生欢迎的是充满睿智和风趣的老师。教师的课堂充满睿智和风趣，学生就会对教师的表现感到十分敬佩，睿智和风趣是智慧的象征，尤其是教师具有很高的专业素养，对于促进学生的学科素养具有很好的榜样作用。如果教师在教学活动中的语言幽默风趣，那么学生在课堂教学中便会更加活跃，情绪高涨，思维活跃，整个人就会更加富有灵性。因此，充满睿智和风趣的师生关系是灵动课堂的重要条件。

8. 充满自由和尊重

教学课堂中不仅要有睿智和风趣，还要有充满自由和尊重的氛围。也就是说，教师在教育教学中要把学生当成一个具有个性特点的个体，把学生当成和老师是互惠共存的具有灵性的个体，这也是实现灵动课堂教学的关键点。而在学习活动中直接影响到教学效果的是学生的学习动机和态度。教师在课堂教学中对学生充满尊重，学生在教学中处于主动地位，课堂教学就能够出现一片生机勃勃的景象，课堂效率自然就提高了。自由和尊重是一把双刃剑，当今，全社会都在宣扬要"尊重学生"，却在如何给学生"自由"的处理上把握不好,哲学家弗洛姆说过一句话,人与人的交往交流,假如缺少尊重,爱很容易表现为自私,甚至沦为占有。一个被管制太多的学生,他会失去对未知的认识和探求,也就会逐渐失去对学习的信心。能不能尊重每个学生是衡量一位教师是否优秀的重要标尺。

9.充满生活元素

新课改推动下,教学的一个基本理念是"学习对生活有用的知识",这一理念与杜威的进步主义教学理论的主要观点"教育即生活""教育即生长"相一致,可以说是道出了教育的本质和核心。学生是社会中的人,将来也要为社会服务,从社会中来,到社会中去,教育最终是为生活和生产服务。高效的灵动课堂就是要提供给学生与其生活和周围世界密切相关的知识,增加课堂的人文色彩,开拓学生的眼界,而且要注重基础性的知识和技能的培养,无形中让学生储备将来的生存本领。

二、设计精巧的教学模式

教学模式的主要任务是形成一种学习环境,以最适宜的方式促进学生的学习和发展,但是没有一种模式是为完成所有类型的学习或者是为适用于所有学习风格而设计的。当前,教学模式正从单一性向多样性发展;从以"教"为主向重"学"的方向发展;从经验归纳型向理论演绎型发展。作为一名优秀教师,不能只会运用一种教学模式,而应该在既定的模式下灵活融入自己的教学理念,发挥自己的教学风格,才会取得较好的教学效果。

成功的灵动课堂教学模式应该具有以下特征。①完整性。任何教学模式都是由一定的教学理念、主题、目标、程序、策略、内容和评价等基本因素组成的,本身具有一套比较完整的结构和一系列的运作程序,体现出理论上的自洽性和过程上的连续性。②操作性。教学模式是一种简化了的教学思想和理论,它通过某种便于理解的教学结构和易于操作的教学程序,把某些抽象的、纯粹的理论用比较具体的、形象的形式反映出来,为教师的教学提供了一个简单易行的教学行为框架,使教师在具体的教学实践中能够理解、把握和运用教学理论。③稳定性。教学模式是在一定教学理念的指导下形成的教学结构和活动序列的结合体,它通过概括教学经验,去粗存精,抽取出重要的教学要素组成,在一定程度上揭示了教学活动的普遍性规律,因此具有相对稳定的特性。④灵活性。虽然教学模式具有相对的稳定性,但这并不意味着它是一成不变的,在具体的教学过程中,随着学科的特点、教学内容、现有教学条件和师生水平的变化,我们需要做出相应的调整,此外,教学模式是一定社会的产物,随着社会发展的变化,教学模式也不断地吐故纳新,只有这样教学模式才能永葆青春活力。

我们围绕"灵动"做文章(灵即灵活、灵气,着眼通过课堂教学,把学生培养成思维灵活、爱学习、会学习、有灵气的学生;动即生动、互动,让每一堂课都充满趣味性、生动性,都能真正改变传统的教学方式,变学生被动为主动,让课堂成为师生平等对话、互相探究的舞台),根据老师们的不断尝试,打造出了"灵动"课堂六字总模式,六字即"引、导、议、点、练、展",一导:用简洁、精准的语言导入新课,明确出示学习目标。二引:师生商量引导梳理自学提纲,指导学生围绕提纲自主学习。三议:分组讨论,合作探究,在自学的基础上,通过分组讨论解决学生学尚未解决的问题。四点:各小组根据讨论情况由本组代表面向全体学生反馈讨论结果,教师归纳学生解决不了的问题,指导方法,补充知识规律,通过适当点拨,实现整合和升华。五练:灵活、巧妙设计基础性练习,检验学生达标情况,弥补缺欠。六展:设计综合性题目,提高学生运用所学知识解决问题的能力、阅读能力、写作能力、创新能力以及在生活中学习的能力。

根据以上"六字"模式,特提出了新课程理念指导下不同学科、不同课型的教学模式(这里以小学语文、数学学科为例)。

(一)小学语文课堂教学模式

1.阅读课文讲读课课堂模式

"五步五读"模式:"五步"即"初读质疑、自主探究、同伴共悟、小组汇报、拓展训练"五个步骤;"五读"即一读扫障碍、二读明大意、三读细体会、四读练表达、五读会运用。

第一步:初读质疑,一读扫障碍。通过各种方式在课前自由朗读,勾画出不理解的字词和不理解的句子,一一扫清障碍,再提出有价值的问题带到课堂上与同学、老师交流。老师对学生提出的问题进行梳理、归类,让其在后面的自主、合作学习中去一一解决。

第二步:自主探究,二读明大意。即自主读,在初读的基础上有感情朗读,围绕前面的疑问,通过勾画、圈点、批注等多种方式,抓脉络、提要点,初步理解课文大意。教师应创设多种自主学习的活动形式，打开学生思路，让课堂充满活力。在自读自悟的基础上对一些当前还不能解决的问题，可以告诉学生留待后面一个环节再研究。

第三步：同伴共悟，三读细体会。这便是通常说的讨论，这是学生对自己发现的问题，在教师的引导下自主讨论或辩论，是学生解决问题的一个重要教学过程。在这个环节让学生通过品读、悟读，加深对文本的体会。这个环节，教师必须把握教材的重点、难点，越是教材的核心问题越需要学生去理解，会积极参与，进入角色，才能产生预期的效果。应舍得花时间，组织学生去讨论。

第四步：小组汇报，四读练表达。让学生以小组为单位汇报讨论的结果，这是对学生组织能力、协调能力、语言能力、思维能力和创造能力的综合检验。教师此时充当的只是一个引导者，只需对学生的汇报适时点拨，通过点拨疏通学生的思路，并把学生获取的感性知识升华到理性，使学生的认知过程在教学中得以落实，使教学更加深入。值得注意的是，教师的点拨不是直接告诉学生方法和答案，而是设计出有助于指导学生继续思考的问题，以培养学生独立思考的能力。我们强调课堂点拨的创新价值，正是改革课堂教学，着力培养学生创造性思维的重要手段之一。

第五步：拓展训练，五读会运用。拓展，实际就是让学生在学习的基础上进一步探究延伸，就是引导学生通过学习、讨论总结出的新的知识规律来发现探究新的问题教学环节，这是学生学习的进一步深化和发展。拓展环节有比较多的形式：向读的拓展、向写的拓展、向生活空间拓展。向读的拓展，其实就是群文阅读，让学生用学到的阅读方法去读懂同一类的文章。这对于高年级的教学很有用，比如读小说、诗歌等。向写的拓展，我们也经常做。学了游记就让学生学习按游览记叙的方法；学了新闻就让学生用新闻的格式报道新近发生的事件；学了小说，就要求学生学习塑造人物的方法描写人物反映思想；学了写景的文章就让学生按描写顺序进行描述。向生活空间拓展，现在显得特别重要，新课标要求"尊重学生的独特体验""尊重学生言语实践亲历和亲历语感的积淀"，那么我们就要有意识地让学生把课堂课本和自己的实际生活结合起来，有的课文文短意长，有的课文读完之后，情感还在回荡，若向课外延伸，就可形成一个有机的整体，为语文课堂注入一股新鲜的活力。

2.阅读课文自读课课堂模式

语文自读课从教学内容讲是指语文教材中的"自读课文",从授课形式讲是指学生在教师指导下以独立操作为主的一种课型,它是与讲读课、作文课、复习课、活动课、口语课等课型并列的一种课型。目的在于印证和实践"教读课"上所学习到的方法。课堂上要鼓励学生多提问题,质疑问难。在我们的教材中,自读课文占一半左右,而自读课的教学又最易被忽视、最难落实、最难坚持,必须有一个既符合自读课的教学规律,又能提高自读课教学效益的教学模式来规范自读课的教学,在具体的教学过程中,我们可以采用"激趣导入—自主学习—合作答疑—练习运用"的自读教学模式。

第一步:激趣导入。自读课开始,教师运用1~2分钟的时间巧妙导入,引导学生进入自学状态,激发自学的兴趣,让学生在趣味中去阅读,去质疑。爱因斯坦说:"兴趣是最好的老师。"有经验的语文教师总是重视导入的技巧,柏拉图说:"强迫学习的东西是不会保存在心里的。"只有具有强烈的爱好和求知的兴趣,才会在自读中产生良好的心理条件,推动学生进入积极的思维状态。从趣出发,以激为触发点,激而成趣。激趣导学的方法可以乐激趣、以情激趣、以奇激趣、以疑激趣、以新激趣、以成功激趣、以故事谜语激趣、以多媒体激趣等。

第二步:自主学习。是学生根据老师或自己设置的学习目标独立阅读课文,探究问题的过程。它包括学生的一切自学行为,如读书(默读、自由朗读、精读、略读、浏览等方式),动笔圈、点、画、批、注,查字典、词典,给生字词注音、解释,特别是中高年级学生找出课文的关键词语、精彩语段,摘抄妙词佳句,做笔记,理清课文的脉络,辨析课文的体裁,提出疑难问题等一系列的活动。这实际上是学生深入课文内部,感知材料、训练语感的过程,是自读课的核心环节。

第三步:合作答疑。教师只需给学生几分钟的时间,让他们把自己拿不准甚至无法解决的问题提出来,在小组内,或者班集体中进行交流。教师再对学生反映出的问题(包括学生对知识的理解是否有更好的办法或对知识上有困惑的地方)和教师自己发现的问题提出的结论性内容,在课堂上及时进行简单小结,引导学生比较全面地回顾在本节课中学习的知识与技能、过程与方法,获得情感与态度的升华,让学生获得更丰富的学习体验。

第四步:练习运用。通过自读,学生开阔了视野,学会了自读的方法,训练了技能,培养了语感,掌握了一定的阅读规律,学生就可以将这些知识和技能运用到实践中去。如学会摘录词句,平常就可以养成边读书边摘录,收集妙词佳句,运用到写作上去。学会了按照"是什么""为什么""怎么样"的阅读思路去阅读文章,学生在课外阅读报纸杂志、小说名著时,就会知道怎样进行阅读。

3.识字课教学模式

在这里强调的是随文识字。以下教学模式"第一步到第三步"放在一课时实施完成,"第四步到第六步"在第二课时实施完成。此模式以学生自主识字、自主阅读为主,教师只在揭示学法、解难答疑上发挥作用。这个模式体现了形式上的生动性,内容上的实践性,方法上的启发性。

第一步:激情导课,揭示课题。激情导课是课堂教学的第一步,目的是组织教学,激发情感,引导学生充满信心地进入良好的学习状态,从而达到"未成曲调先有情"的效果。

第二步:初读感知,巩固字音。学生依据教师提出的读的要求、目标,圈出生字,认真拼读,再放入词语、句子、课文中去读,进行自主性的初步感知和初步探究。形式主要采用自由轻声读,以保证全员参与,力争全体学生都有自读、自悟的时间,在多次的朗读中,生字反复呈现让学生牢记字音。

第三步:再读课文,识记生字。随课文识字,根据儿童学习汉字的规律,让学生能寓识于读、寓识于境。在熟读课文的基础上,通过同伴互助互学、全班交流等方法巩固字音,识记字形,了解字义,描仿入体。

第四步:细读课文,感悟理解。细读阶段,继续巩固字音,理解词语,学习运用词语。通过各种教学手段的运用,充分调动学生已有的生活经验,采用各种形式的读:专心致志地读,细致入微地读,切己体察地读,浮想联翩地读,让学生走进文本,与文本进行精神的碰撞与沟通。

第五步:精读课文,体验情感。学生在细读之后,可以提出语言文字背后不好理解的问题,老师也要预设一些学生难理解的问题,再引导学生精读课文,教师精当地点拨、讲解,使学生体验到文中渗透的思想情感,感悟到文中语言、句子的生动之处,从精读活动中感悟到文本的内涵。

第六步:美读课文,品味积累。学生通过前面的读书活动,深受文中内容的感染。对相同的阅读材料,不同的学生有不同的理解,当然就有不同的心理感受。在此基础上引导学生带着情感去美读,会收到不同程度的效果。久而久之,学生就会对读书有一种"欲罢不能"的习惯,当然就能品出其中的味道,并乐意去品读、熟读,自然达到积累的目标。

4.诗歌类课堂教学模式

诗歌教学是重点,也是难点,如何通过教学激发学生学习诗歌的兴趣,提升小学生欣赏美、感悟情的能力,提高小学生的文学素养?我们可采用"品、诵、想、悟"四字教学模式。

一品:通过品词,来体会诗歌的语言美。诗歌的语言不仅精炼,而且还具有形象性,往往一个字、一句话都包含深厚而丰富的内涵。如小学一年级的一首诗歌《静夜思》,教师在讲解这首古诗时,就应注意个别字的理解。"举头望明月"中的"望",向学生质疑是否可以把"望"字替换成"看"字,为什么。然后再启发学生,"望"字是遥远地看去之意,有一种遥不可及的感觉,也凸显了距离的遥远,而"看"字的意思则一般,不及"望"字念来有味道,表达不尽诗人对遥远故乡的深深思念之情。这样一讲解,学生便可以很深刻地体会到诗歌的情感。

二诵:通过诵读,来感受古诗的音乐美。特级教师于漪说:"要反复读,读出感情,读出气势,如出自己之口,如出自己之心。"不读不能见其美。所以,教学古诗还应重点指导学生朗读,要引导学生抑扬顿挫、字正腔圆地读。《春晓》《村居》,还有《小池》应以愉快轻松的语气来读出诗人对优美的自然风光的喜爱之情,而在朗读《望庐山瀑布》时,应有磅礴的气势,从而读出诗歌中"三千尺""落九天"体现出的错落的音乐美。为指导学生读好《绝句》中"两个黄鹂鸣翠柳,一行白鹭上青天"的时候,还可配上动听的鸟叫声,从而读出杜甫当时愉快的心情。所以在古诗教学中,教师更应通过不同形式的朗读,让学生充分感受到建筑在诗歌语言文字上的情感的音乐美。

三想:通过想象,感受古诗中的意境美。以《村居》为例,"儿童散学归来早,忙趁东风放纸鸢",可以让学生感同身受,把其中的"儿童"想成是自己,想象是自己在春天里放风筝。这样一来,他们对诗歌的意境就有了很深刻的体会了。再以《绝句》为例,通过师生多次朗读、多种方式朗读之后,生动地再现诗中所写景物,指导学生在脑海里描绘由黄鹂、翠柳、白鹭及青天组成的美丽图景,感受其意境。

四悟:通过朗读和感悟,分析情感,来感受古诗中的真情美。《语文课程标准》中关于课程的总目标中就提及"注重情感体验,受到高尚情操与趣味的熏陶,发展个性,丰富自己的精神世界"和"提高文化品位和审美情趣",所以古诗中的真情美成了教师在教学中的重中之重。教学中,教师尽量让学生通过诵读来感受诗情之美,所谓"书读百遍,其义自见"。纳兰性德的《长相思》所寄托的情感有几分只可意会不可言传之意,所以教师在对古诗简单讲解之后则更应让学生自己反复诵读去感受诗中诗人山一程、水一程、风一更、雪一更之后的惆怅至极,却也无能为力的思乡之心。曹植的《七步诗》是托物言志的一首诗歌,"煮豆持作羹,漉菽以为汁。其在釜下燃,豆在釜中泣,本是同根生,相煎何太急?"教师在讲授这首诗时,可以先介绍背景有助于理解全诗,再帮学生进行全诗的疏通和讲解,先了解其表层意思。

5.作文课教学模式

在小学中段,写景状物类作文是作文教学的重难点,如果在中段教学中教会了学生基本的写作模式和方法,就能为高学段的自由创作奠定坚实的基础。我们在教学实践中可以采用以下教学模式。

第一步:仔细审题,明确要求。无论是每一册的单元习作还是考试作文,都会有作文要求,写作的第一步就是要仔细审题。老师一定要教会学生逐字逐句读懂具体要求,学会从题目中找出关键的字眼,然后严格按照要求去写作。有的老师的审题方法值得借鉴,比如针对中段学生注意力有限的特点,可以把关键的词句做上记号,这样可以加强学生的记忆。

第二步:多方交流,慎重选材。"选材不对,努力白费",根据题目的要求,让学生通过小组交流,全班交流等方式,让大家评价一下所选材料是否符合题目要求,是否新颖。孩子在交流的过程中,不但锻炼了自己的思维和口头表达能力,还能从选材中获得启示。其实这一步可以结合单元练习中的"口语交际"来完成,在习作指导课中不再重复。那么老师选择指导写作的具体事物时就要选择有代表性的事物来进行。

第三步:仔细观察,展开联想。很多同学写状物类的作文语言干瘪,就是因为没有学会观察与联想。疏于观察,言之无物;不会联想,言之无趣。

教师一定要利用大家都熟悉的题材,教会学生仔细观察,抓住事物的特点,展开联想,只要孩子展开了想象的翅膀,看到什么都是有生命的,充满活力的,笔下的语言自然就充满了童趣。

第四步:训练修辞,学以致用。在教学生展开联想的同时,结合课文中学过的修辞方法,采用仿写、迁移等方式,教学生用上比喻、拟人、排比等方法,把联想到的内容生动具体地描述出来,学生一旦学会用恰当的修辞,就能把景物写得更加逼真。

第五步:编写提纲,连段成篇。重点段落在老师的指导下完成后,确定好写作的顺序,还可以指导一下开头和结尾的写法,再让学生自由编写提纲,把其他想写的内容写进文里,这样,一篇充满个性的习作就圆满完成了。

第六步:举一反三,融会贯通。由于我们的课堂时间很有限,很多老师只有对单元作文才会这样强化训练。但是,学生光写一篇作文是不可能完全学会这样的方法的,所以老师们要趁热打铁,让学生多写同一类型的作文,做到举一反三,融会贯通,才能真正掌握同类型的写作方法。就像我们课本把同类型的课文编排在一个单元,提倡"群文阅读"一样,如果作文训练也"同类迁移,强化训练",那一定会"事半功倍"的。

(二)小学数学课堂模式

1."解决问题"类课型教学模式

真正意义上的"解决问题"是让学生解决日常生活场景中的实际问题,而在现实生活中考虑解决某一生活中的实际问题时需要数据、事项、关系等,在应用题的教学中,这些必不可少的信息已经通过文字形式给出了。而解决问题不是简单的代入公式,它要具体问题具体分析。在问题情境中解决问题才是学习数学的价值所在。随着社会的信息化发展,数学的应用也在不断地深化和扩展,我们就要更加注重在真实的情境中研究数学和解决问题。我结合自己的教学实践和相关的教育理论将解决问题的教学模式设计如下。

(1)创设情境,收集信息

教师开始上课时,可以借助主题图或教学课件来创设生动有趣的教学情境,把抽象的数学知识与生活实际联系起来。主题图或教学课件上的信息在一定意义上是为学生思考提供线索的。当学生汇报后,教师引导学生将收集的信息进行整理,找出要解决的问题。通过观察汇报也能为解决问题提供认知的基础,激发学生的求知欲望,焕发学生的主体意识,为学生自主探索、解决问题营造氛围。具体方法如下。①教师先让学生观察主题图。学生在看图时,教师要注意引导学生有序地观察,这样有利于理清思路,并为将来找其中的问题打下基础。②让学生认真独立地观看,分组讨论和交流,并汇报和交流获取的信息。

(2)小组协作探究问题

当学生明确要解决的问题后,给学生留出充足的空间和时间,让每个学生运用已有的知识和经验,自主寻找解决问题的途径、方法和策略,还可以通过小组内的共同探究和交流,形成初步的方案。在这个过程中,教师要参与到小组中去及时获取信息,并适当加以引导和调控。具体方法如下。①个人或小组针对问题进行自主探究。可以采取讨论、实验等方法自觉矫正错误,逐步得出结论。②教师启发点拨。引导学生回顾探索过程,指导解题策略。

(3)交流评价解决问题

交流评价是教师主导与学生主体有机结合的关键环节,教师的主要责任在于组织学生进行有成效的数学交流,激活学生的思维,拓宽学生的思路。理清思路后,让学生独立选择算法。当学生有了自己的想法后,再让学生通过小组交流进一步归纳整理算法。最后通过集体交流,明确算法。具体方法如下。①小组派代表向全班汇报研究成果。②各组成员认真倾听相互评价,表示赞同或反对,开展有竞争的合作。③组织引导各小组提出不同的想法,发现新的思路、方法及时扩散,并给予及时评价和指导。

(4)巩固方法拓展思维

学生掌握了方法,还要在不断练习应用中深化理解。在这个环节中安排一些基本题,让学生用已掌握的知识进行解答,以达到巩固应用的目的。也安排一些发展性习题,让学生从不同角度灵活运用已有的知识解决问题,以拓展学生的思维,培养学生的应用意识。具体方法如下。①教师根据教学目标、重难点设计好练习。结合学生知识、能力的差异,组织学生分层练习。②所有学生完成基础题的练习,学困生在完成基础题的基础上,尽力完成综合题,中等生在完成综合题的基础上,尽力完成提高题,优等生三种练习都完成。

2."图形与几何"教学模式

"图形与几何"是小学数学学习领域中十分的重要组成部分,通过"图形与几何"的学习,可以借助几何中的一些图形以及在探讨图形性质过程中,形成一些思想方法,以更好地了解我们生存的世界。《数学课程标准》提出,几何学习最重要的目标是使学生更好地认识和理解人类的生存空间,形成空间观念、几何直观、推理能力。作为一线教师,要注重学生自主探究、主动参与的过程和学生的经验、体验与感悟。

今天的教学不再是教师精心设计教案的演绎过程,也不是一种简单的"告知",有意义的知识不是教师手把手地教给学生的,而是学生通过操作体验型教学模式学到的。该教学模式要求教师从学生的现实生活中取材,注重学生主体性的探索,使学生在动手做的过程中,通过观察、猜测、操作、讨论交流,经历感受知识探究的全过程,体验操作过程中成功的喜悦,创新的乐趣,体验数学的重要价值,从而理解知识,掌握方法,学会思考,懂得交流,获得情感体验。

下面结合教学实践谈谈对"图形与几何"教学的操作体验型课堂的一些尝试和体会。

环节一:创设情境,激发兴趣。

激发学生的学习兴趣是提高学生学习效率的最有效、最直接的方法之一,因此,教师在设计教学活动时,要紧密联系学生的生活经验、活动经验,创设学生熟悉的、感兴趣的情境,激发学生学习的强烈欲望。

通过观察一些实物和有趣的现象调动其学习的积极性,借助实物初步认识图形。在学生的头脑中建立表象,为后面概念的形成或规律的发现做铺垫。

如在"认识轴对称图形"一课中,我开始用"猜一猜"的活动,出示生活中常见物体:衣服、飞机、树叶、七星瓢虫等轴对称图形的一半,让学生猜出这个物体是什么,从学生熟悉的生活画面入手,极大地调动了学生的积极性;又让学生初步感知轴对称图形的基本特征,形成表象。

又如在"平移与旋转"一课中,我一开始就将平移和旋转的学习放置在游乐场这个与学生的经验相一致的生活情境中,让学生在生活化的情境中学习,使学生在玩中学、在学中玩。既激发了学生的学习兴趣,又使每个学生对平移和旋转有了亲身体验,解决了数学知识的高度抽象性和儿童思维发展具体形象性的矛盾;再让学生举例说说生活中的平移和旋转,发散学生的思维,帮助学生从生活的角度进一步理解平移和旋转,使学生体会到数学和生活息息相关。

环节二:操作体验,合作构建。

操作体验、合作构建是学生学习的两个重要方面。现代社会的发展已经使教育观发生了根本性的变化:真正的教育是学生在具体情境中通过活动体验而自主构建的,而操作体验又是在群体合作交流的氛围中进行的,因此,有效的学习必然是自主操作体验,在充分合作交流中构建。所以,教师要为学生提供一切创造探索的机会。

放手让学生在自由空间中"表露",在互动交流中"发现",在操作体验中"感悟",在开放思维中"碰撞"。因此在新知探究环节,我采用"大胆猜测、操作验证、合作构建、得出结论"这四个部分。

操作验证是图形与几何教学的重要环节:小学阶段"图形与几何"课程内容,分为图形的认识、测量、图形的运动、图形与位置四个部分。教师根据不同的教学内容,选择不同的操作材料(模型、实物或教具等),让学生在剪一剪、拼一拼、折一折、量一量、叠一叠、画一画、移一移的过程中,通过眼睛、耳朵、手指等多种感官的协同合作及其他同学的相互配合去发现几何形体的特征,把由观察获得的初步的感性认识推向深入。通过操作去发现规律,并在发现的过程中学会合作、体会学习的乐趣。

例如:"认识轴对称图形"一课中,在教师的引导下,学生认真观察、积极思考、大胆猜测图形对折后两边的部分会怎样。由猜想引发矛盾,由验证得到统一,学生将亲自经历"折一折"后的观察,发现图形特征,自主构建有效的数学思维场所,加深探索新知的经历和获得新知的体验。

又如"平行四边形的认识"一课中,为了让学生认识平行四边形的特征,学生利用学具通过动手操作的比一比、量一量、算一算等活动,在操作体验中亲自经历知识的建构过程,掌握学习的方法,使学生积极主动参与到学习过程之中。

环节三:练习巩固,深入感知。

这一环节也就是将得出的结论进行应用的环节。结合图形特征,用刚学到的知识和发现的规律去解决实际生活中的问题。在解决问题的过程中,让学生掌握所学的知识,形成数学技能,培养并发展他们良好的思维品质。

(1)形成技能

第一,智力技能主要指求积计算,它包括平面图形的周长与面积的计算,立体图形的表面积与体积的计算等。在计算的过程中,涉及概念与公式的理解与运用,空间观念的形成及口算、笔算、解题等一系列因素。第二,操作技能主要指画图,如用工具(直尺、三角板、圆规)画出一定的几何图形,或利用工具测量角度,测量物体的长度、重量等。

(2)发展思维

在空间与图形的教学中,我们要侧重培养学生的形象思维。在练习中要加强表述思维的训练,不仅要让学生得出最终的答案,还要让他们说出自己的解题思路与分析过程。如在"认识轴对称图形"一课的练习中,判断哪些图形是轴对称图形,通过练习,加强对学生思维品质的培养,如思维的敏捷性、简洁性、批判性与深刻性等。

值得注意的是:练习设计要有目的,有计划,有层次,由浅入深,由易到难,注意面向全体及时反馈,及时矫正,及时奖励,及时强化。如"认识轴对称图形"的练习设计。①师生共同探讨长方形、正方形有几条对称轴。师:拿出准备好的正方形纸片,折一折,你能找出几条对称轴?学生动手操作,讲理由。②判断,哪些图形是轴对称图形对称轴?③操作练习,用喜欢的方法制作轴对称图形。④周围有哪些轴对称图形?⑤欣赏图片,感受轴对称图形的美。

环节四:课后拓展,回归生活。

教师要创设一切条件,引导学生把课堂中所学知识和方法应用于生活实际中,这样既可以加深学生对数学知识的理解,激发学生在头脑中已知"再加工",又能让学生切实体验到生活中处处有数学。在"平移与旋转"一课中,我是这样设计的:①收集美丽的图案,说说是由哪个基本图形进行怎样的运动而形成的? ②自己运用平移或旋转,设计一幅美丽的图案。

3."数的运算"类课型教学模式

(1)模式目标

第一,发展学生的运算能力。促进学生在各种新情境、新条件下灵活运用已学的计算知识,能够举一反三,触类旁通,达到灵活迁移。

第二,发展学生的思维能力。

第三,培养学生的数感。

第四,运算学习有利于促进学生数感的发展。

第五,培养学生解决问题的能力。

第六,培养学生的创新能力。

(2)功能目标

"自主探究式"教学模式就是把教学过程看作是一个动态发展的教与学统一的交互影响和交互活动的过程,在这个过程中,通过优化"教学互动"的方式,即调节师生关系及其相互作用,形成和谐的教师与学生互动,学生与学生互动,强化人与教学环境的交互影响,以产生教学共振,达到教学效果的一种教学模式,其内涵是在复习有关知识的基础上创设激发参与的情境,使学生主动进行探索新知,再通过师生共同研讨,多向交流,达到理解知识、掌握技能、实现教学目标。外延是以探索、求知为主要形式的策略性知识体系,其功能目标促使学生爱学、会学、善学。

(3)实现条件

"自主探究式"教学模式与"自主练习"教学模式是在课堂教学主渠道中落实素质教育的一种良好的教学方法,旨在更新教师观念,改革教学方法,努力营造以教师为主导,学生为主体的和谐的课堂教学气氛。学生通过尝试实践,积极探究及有效训练,主动获取知识,同时形成能力、发展智力。"自主探究式"模式十分强调学生与教师共同参与及学生学习素质的培养,把发展数学思维作为一项主要任务,而"自主练习"模式更是强调学生自我能力的发展,创新精神与实践能力的培养,为正确处理课堂教学中主导与主体的关系,建立新型的师生关系提供了条件,为更新教师教学观念,提高现代教学能力提供了载体。

三、整合新鲜的教学内容

教材是知识的载体,教材的使用体现了教师的教学素养。有些教师过于注重教材,课堂教学只停留在"教教材"的层面。只运用教材上提供的资料进行教学,只不过是为证明教材上的结论而寻找的依据而已。学生探究的结果是得出了几乎唯一的答案。不可否认的是,这样可以使学生的知识基础夯实,但学生的思维也被禁锢在教材之中。这或许是这类课堂最大的问题所在。

构建"灵动"课堂,教师要做到不拘泥于教材,而是依托教材,善于捕捉各种知识间的必然性与偶然性的联系,启发学生的创造性思维,提出的问题应不断冲击学生的头脑,碰撞出思维的火花,使课堂真正"活"起来,真正做到"用教材教"。让问题成为问题,这或许是"灵动"课堂最大的魅力所在。

构建"灵动"课堂,强调教师基于教材的"灵魂",通过创造性地理解教材,深入挖掘教学资源,对教材内容进行有机整合、再创造,并灵活运用多种教学策略,为学生插上思维的翅膀,让他们自由翱翔在浩瀚的知识天空。

(一)转变教学思路

为了避免与教材内容及思路的简单重复,保证知识的新鲜,启发学生的创造性思维,教师要敢于突破教材叙述模式,尝试新的教学思路,根据学生的学习基础、学习兴趣、学习需求等对教材内容进行大胆取舍、重新整合,把知识进行横向或纵向联系,寻求突出重点、攻破难点的新策略,激发学生的探究欲望。

(二)拓展延伸教学

围绕主题内容进行拓展教学,就是把"主题"作为圆心,围绕这一圆心,不断向外延伸,画出更大、更完美的圆,为学生打开一扇扇知识的窗户。我们在选择拓展点时,应围绕教学的重难点或时事热点展开,让学生围绕主题内容展开丰富的联系,例如不同学科之间的相互联系等。

通过拓展延伸,可以丰富并深化课堂教学的内容,激发学生的学习兴趣,开拓学生的发散性思维,提高学生的思维能力,为课堂注入新的活力。所谓发散性思维,是指大脑思考时,呈现出一种多维发散状态的思维模式,故又称扩散思维、放射思维、辐射思维或求异思维,突出表现为思维视野的广阔。

教师是课程的实施者,更是课程的开发者,进行拓展延伸教学,教师应重视开发和利用各种丰富的课程资源,并借助现代教育技术和网络技术,为学生进行自主学习、探究学习、研究性学习搭建平台。值得注意的是,学生也可以成为课程的创造者和主体,使教学过程成为不断生成、建构的动态过程。

四、运用灵活的教学方法

讲课是一种追求,一种再创造,更是一种艺术,要激起学生学习的兴趣、动机和渴求。教师要通过运用灵活多变的教学方法,紧扣学生心弦,引导学生用客观、全面、发展的眼光分析课本知识,在提高思维能力的基础上得到启示和智慧。正如赞可夫所说:"教学法一旦触及学生的情绪和意志领域,触及学生的精神需要,这种教学方法就能发挥高度有效的作用。"①

如果将1.5克盐放在你面前,你肯定会觉得难以下咽;但如果将这1.5克盐放入一碗可口的汤中,你肯定会在享受美味时很自然地把这1.5克盐全部吸收。情境之于知识,犹如汤之于盐。盐需要溶入汤中,才能被吸收;知识需要融入情境,才能显示知识的生命和活力,才能容易被学生理解和掌握。

第二节 灵动课堂的评价标准

课堂教学评价是保障教学质量的关键环节,是促进教师专业发展、实现教育目标的重要手段。在全面深化课程改革背景下,课堂教学在价值取向上,坚持立德树人,突出以学生发展为本;在教学过程上,强调让学生能动、自主地学习;在教学效果上,注重学生情感态度价值观、核心素养、学科能力以及高阶思维的发展,同时也关注教师的成长。如何对课堂教学进行有效评价?

一、基本理念:立足于学生的学习与发展需求

(一)"以学为中心"的教育价值取向

评价标准中具体评价指标的设定体现了评价主体的理论立场和价值判断。教育价值决定评价目的,评价目的决定评价内容。我们认为,教育的价值在于尊重人的主体性和生命性,激发人的创造性,相信并注重开发人的潜力,将学习者作为知识的建构者和生成者,为学生的终身发展打下

---

①张伟.高校教师学术动机:一个亟须深入探索的研究领域[J].中国人民大学教育学刊,2022(02):16-32.

基础。基于此,课堂教学评价标准的功能并非规范统一教师的授课行为,而是引导教师依据此标准进行设计、诊断、反思教学设计和教学过程,帮助教师对学生的学习进行深刻的理解、关注和把握,促进教学研究的重点从"如何教"转向"如何学"。因此,我们设计的评价体系,特别强调对学生的学习方式、学习态度、学习效益等的评价。

(二)以发展学生核心素养为指导思想

以发展学生核心素养为取向的课堂教学评价指标,从对分数的关注回归对人的关注。指标的设计不仅关注教师的教学表现,更注重学生的学习存在与需求,对学生的学习状态进行价值判断,对学生的核心素养进行关照。为此,我们不仅要关注学生知识掌握的多少,更应该对学生实践能力、高阶思维、情感体验、态度价值养成等方面给予更多的关照。教师的教学着力点也转向学习情境的创设、教学资源的提供、教学方式的多元、个性发展的关注等。

(三)着眼于学习效果的评价导向

课堂教学评价标准并不是规范、控制、统一教师的教学行为,而应是给予教师教学更多深度差异化的关注,体现教学的动态性和生成性。另外,课堂教学的本质在于促进学生的全面发展,课堂教学的评价应以学生全面发展作为根本评判标准,以学生的"学"来评价教师"教",而不是僵硬地控制和规定教师的教学过程。因此,课堂教学评价指标着眼于学生的学习效果,引导教师根据学生特点、学科特点、学习内容、个人教学风格,弹性地设计教学、实施教学和反思教学。

(四)秉持"为了学习的评价"的发展性评价模式

课堂教学的发展性评价模式,以促进学生学科素养提升、教师专业发展、课堂教学效益彰显、学校育人质量优化为基本目标。在发展性评价模式中,我们秉持"为了学习的评价"(Assessment for Learning)理念,将定性评价与定量评价相结合,充分发挥评价的发展性目的和激励性、反馈性功能。评价用来引导教师对现实教育教学问题进行重新审视和认知,作为教师自我优化成长的依据,有助于实现学生的全面发展。

(五)评价的功能

《新课程标准》中指出:对学生的评价应从甄别式的评价转向发展性评

价,既要关注学生的学习结果,更要关注他们的学习过程,既要关注学生学习的水平,更要关注他们在学习活动中所表现出来的情感与态度,评价要反映学生学习的成绩和进步,激励学生的学习,帮助学生认识到自己在学习策略、思维或习惯上的长处与不足,认识自我,树立信心,真正体验到自己的成功与进步。因此,我校灵动课堂在学生评价方面尽量避免传统的教学评价过分地夸大了评价的鉴定功能,忽略评价的激励功能和教学功能;从而对学生实施多方位、多角度的,突出学生学习的主体地位的多元评价,以达到提高教学效率,促进学生主动、全面的发展的目的。多元评价的功能可以按如下归类。

1. 鉴定功能

教师只有通过评价,根据学生达到目标的程度,才能给予恰如其分的不同对待,进行有针对性的正确指导,以促进其学习的进步;学生也只有通过评价,才能确切地了解自己与评价目标的差距,明确自己的努力方向。

2. 导向功能

多元化评价的导向功能是指多元化评价本身所具有的引导学生朝着理想目标前进的功效和能力,这是由评价标准的方向性决定的。因为在多元化评价中,对任何学生所做的价值判断,都是根据一定的评价目标、评价标准进行的。这些评价的目标、标准,对学生来说,起着"指挥棒"的作用,为他们的努力指定方向。多元化评价的导向功能,使学生的学习不断地强化,不断地改进提高;使学生的学习和行为能够通过评价不断地接近目标、达到目标。

3. 激励功能

合理有效运用评价,能够激发和维持学生的内在动力,调动学生的内部潜力,提高其学习的积极性和创造性,从而达到学习的目的。恰如其分的评价结果能给人心理上的满足感,从而激励人们不断进取。对于优生来说,评价的结果是对自己过去成绩的肯定与表扬,会对成功的经验起强化作用,使学生更加努力、更加主动,以保持或取得更大的成绩;对于后进生则是一种有力的鞭策,让他们明白如果仍不努力就会被落得更远。要发挥这种激励作用,应注意评价指标的制订不可过高或过低,这两种情形都不利于学生积极性的调动,最适宜的指标应定在大多数学生经过努力能够达到的程度,因此必须将条件评价、过程评价和形成性评价有机结合起来。

4.调节功能

这种功能表现在两个方面。一是评价者为学生调节目标及进程。要让他们在不同水平上朝目标前进,避免发生达到目标者停滞不前、达不到目标者沮丧气馁的情况。二是学生通过评价了解自己的长短、功过,明确努力方向及改进措施,以实现自我调节。

5.教育功能

多元化评价的教育重视发挥学生的主体作用,重视他评与自评相结合,注重自我调节的过程发展。学生在评价过程中,按照评价目标,使评价过程成为"学习—对照—调节—改进—完善"的过程,有利于学生及时看到成绩,受到激励和鼓舞,找到差距,及时改进和提高,有利于促进学生的自我认识、自我改进、自我提高、自我完善。

二、设计原则:注重教学整体效果,关照学生发展与教师成长

(一)使用教师话语体系,便于教师和评价者理解

目前,评价标准的语言概念化和条目式表达使评价标准空泛、不易于理解,脱离中小学课堂教学实际。评价标准在表达上应基于中小学教师的课堂教学话语体系,采用描述性的整体表达方式,从而利于评价者观察和教师理解,保证评价的准确性和科学性;同时也利于评价者给出教法学法的指导与渗透,关注目标和学情,更好地指向学生的成长与发展。

(二)倡导"使动式"行为描述,深切关注学生发展

课堂教学是否有效成为评价最重要的标准,而评价教学有效性的方式则是观察教师的教学行为是否帮助了学生学习或者促进学生综合发展。基于育人导向的课堂教学评价标准在教师的行为描述上使用"使动式"动词呈现,如"使学生……""让学生……""帮助学生……"等,其内容由学生学习的动作构成。这体现了教学中的学习主体观,并且不断提醒教师:自身教学行为的目的在于引发、维持和促进学生的学习行为;教师的作用在于使学生的这些动作得以发生,推动学生的思维"上轨",并"自动运转",实现学生为中心的学习。

(三)关注教师主导性和学生主体性,深刻把握教学本质

评价标准要重视对教与学双方的评价,不仅有对教师教的活动和学生

学的活动的评价,也有对师生、生生互动的评价,但最终指向学生对知识的深度建构与学习。教师教学行为的有效性体现在吸引或支持学生的学习上,其中包含强调学生的主动探究、学生学习资源的给予、让学生参与问题的解决、批判性思维的展开等,从而促进学生对学科知识的深层理解。[①]

(四)评价方法多元综合,注重教师教学的整体效果

课堂教学评价标准既强调科学的定量评价,也强调评价者对课堂整体感知的定性评价,在进行等级性的定量评价的同时增加定性评价,将定性与定量评价相融合,体现诊断性、过程性评价特征。这样就避免了课堂教学评价重技术、轻人文的取向,保证了课堂教学评价的整体性、复杂性、人文性。

三、标准呈现:"六维十八项一整体"

基于上述理念和设计原则,我们在设计课堂评价标准时坚持问题导向,不断地追问:学生在课堂中学到了什么?学生的主体性地位是否得到尊重?教师为学生的学习创设了什么样的学习条件?教师如何帮助和鼓励学生自主建构?教师在把握学生的学习方面做得如何?教师对学生在课堂中获得深层发展的关注怎样?在广泛征求教研员和教师意见的基础上,可以尝试构建"六维十八项一整体"(教师评价准则)的课堂教学评价标准。

(一)学习目标评价

当前我国课堂教学评价中较少强调让学生知道学习目标,但在强调学生自主学习的教育语境下,只有让学生知道"我要去哪里",明确学习目标,才能真正促进学生实现自主学习;才能让学生主动地参与到课堂中,在学习过程中进行自我监控、自我调整和自我反思。随着课程改革的深化,关于立德树人、学科育人以及核心素养和学科素养的探讨已经从理论层面进入学校课堂教学实践,成为日常教学育人目标中的重要内容,因此也成为学习目标评价中的重要内容。

(二)学习条件评价

教师在设计以学生为中心的课堂时,最关键的是为学生创设一个学习

---

① 刘婷."双六能力课堂"教学模式在初中历史教学中的运用研究[D]. 曲阜:曲阜师范大学,2021:22-23.

情境或学习任务,并且这种情境的逻辑正好符合学习内容产生的过程,让学生经历"知识创造"的过程。在情境创设维度的评价要素上,我们鼓励教师创设实践情境、有效运用多媒体提供多种刺激的外部条件、供给学习资源,创设良好安全的心理环境。通过大量教研员的观课经验发现:生成性资源的利用比预设性资源更能提高学生的学习效果,一节课的精彩往往是教师对意外生成性资源的巧妙运用。

(三)学习指导评价

学习指导主要包括学习方法示范、指导以及给予学生及时恰当的反馈。学习方法指导指的是在课堂中教师能够根据学科特点、学习内容、学生个性差异,指导学生选择合适的学习方法。学习方法指导既包括一般的学习方法,如学习时间合理分配的方法、知识学习的一般方法等,还包括学科学习方法指导以及针对学生个人的学法指导。

(四)学生活动评价

不同的课堂互动形式有着不同的价值和功能,影响着学生的参与程度以及学习效果。课堂评价应该关注教师是否能根据具体的学习目标和内容,选择适合的学习活动方式,并通过学生活动设计把学习条件和学习逻辑具体化,通过操作性任务最大限度地保证学生的参与,培养学生的思维力、探究力、实践力、创造力等高阶能力。

(五)学习效果评价

学生学习效果与学习目标相对应,包括学生情感、态度、价值观的发展状况以及学科知识与能力的掌握水平。我们对学生学习能力效果从两个层次进行评价。第一层次是理解掌握所学的学科内容,其认知反应包括:知道、认识、说出、描述、说明、解释、分析等。第二层次是能够利用本学科的知识、方法、思维迁移解决问题,其认知反应包括:证明、阐述、评价、设计、建构、创造。问题情境又进一步分为学科问题情境、熟悉的生活问题情境、需要创造性思维的陌生问题情境。评价者应依据学生的学习效果分析教师的教学有效性。

(六)创新特色及整体性评价

教师的劳动在本质上是一种创造性活动,教育过程要求教师具有高度的创造性;同时,新课程改革也赋予了教师更多的自主权。这都意味着教师必须形成不断探索和学习的技能,要经常去寻找新的教学思想和方法,才能应对逐步深入的课改要求。同时,教师要做学生创新思维的"引路人",首先自己要具有创新精神和创新能力。因此,我们将创新特色作为独立指标来评价教师。

  另外,我们也观照了教学的整体性和定性的评价方法。课堂教学的整体效果评价并不是各个教学要素评价结果的简单相加,而是将课堂教学看作是一个有机整体、平衡的生态结构,是在整合学习目标、学习条件、学习活动等诸多效益方面进行整体感知进而进行评价。因此,我们在对教学各个要素进行单一评价的同时,应形成对课堂的整体性评价,对教学活动达成目标及其整体效果进行描述性表达,在定量评价的基础上,运用定性评价从优点和不足两个方面完成对课堂教学质态的系统化评价,发挥课堂教学评价的激励性和诊断性功能。

参考文献 REFERENCES

[1]蔡振荣.灵动课堂:初中美术教学中的情感教育[J].华夏教师,2018（05）:58-59.

[2]曾德菊.打造小学英语"灵动课堂"发展学生英语核心素养[J].科学咨询（教育科研）,2016(11):68-69.

[3]陈常红.例谈小学语文灵动课堂的构建[J].华夏教师,2020(16):57-58.

[4]陈海烽.灵动课堂[M].西安:陕西师范大学出版社,2018:66-67.

[5]陈磊.基于支架式教学设计理论的初中化学学习单设计模型的建[D].上海:上海师范大学,2013:22-23.

[6]代斌.交往理性视域下师生关系的审视与构建[D].曲阜:曲阜师范大学,2021:30-31.

[7]杜安国.何小梅.高校文化育人理念与实践[M].广州:广东高等教育出版社,2019:80-81.

[8]段奇.交往理性视域下的师生交往研究[D].太原:山西大学,2021:22-23.

[9]方义江.让科学的课堂灵动起来[J].科学大众（科学教育）,2017(08):41.

[10]黄贵兰.基于建构主义学习理论的高中英语非谓语动词教学策略研究[D].重庆:西南大学,2020:22-23.

[11]李贺.于漪教文育人教学理念及其对当下高中语文教学的启示[D].延边:延边大学,2020:22-23.

[12]李则名.优化课堂师生交往方式,提高高中音乐学教实效的研究[J].北方音乐,2020(16):145-146.

[13]林承明.中学数学教学的理论思考[J].黑河学刊,2016(05):155-156.

[14]刘婷."双六能力课堂"教学模式在初中历史教学中的运用研究[D].曲阜:曲阜师范大学,2021:22-23.

[15]刘贤凤.基于对话教学理论的高校英语混合学习模式研究[J].北京城市学院学报,2017(05):24-28.

[16]刘玉良,戴凤智,张全.深度学习[M].西安:西安电子科技大学出版社,2019:90-91.

[17]秦伟.浅谈新课程改革下"灵动"课堂教学实践探索[J].科学咨询(教育科研),2016(08):69.

[18]沈群英."四感"营造沉稳与灵动课堂[J].中学政治教学参考,2016(05):48.

[19]王芳.基于"教师共同体"的高校课程思政协同育人模式研究[J].贺州学院学报,2021,37(04):137-141.

[20]王磊.语文课堂实施有效阅读的教学策略[J].河南教育(教师教育),2021(02):64.

[21]王万清.浅谈中学数学教学的创新思维培养[J].新西部(理论版),2017(02):135+51.

[22]王正瀚.从美国中学教学实例看"做历史"方式[J].全球教育展望,2011,40(09):80-84.

[23]吴宝英.灵动课堂的奥秘[M].上海:上海教育出版社,2018:100-101.

[24]姚久峰.灵动课堂以生为本——小学科学探究教学之我见[J].科学大众(科学教育),2015(04):47.

[25]喻照安.对话教学,灵动课堂——推动历史课堂变革的新思路[J].基础教育课程,2016(18):73-76.

[26]袁虹.课程育人理念下高职院校实用文书写作课教学改革思考[J].佳木斯职业学院学报,2022,38(03):86-88.

[27]张乃娟.营造灵动课堂培养灵气学生[J].语文教学通讯·D刊(学术刊),2016(02):26-27.

[28]周聪聪.高校翻转课堂教学模式评价体系研究[D].新乡:河南师范大学,2016:22-23.

[29]周雪凤.有效活动激活灵动课堂——小学品德与社会课堂有效活动设计的实践与思考[J].教育观察,2019,8(02):125-127.

[30]朱志晴.深度学习理论在小学数学课堂教学中的应用研究[D].重庆:西南大学,2021:22-23.